T&P BOOKS

I0176476

HÚNGARO

VOCABULÁRIO

PORTUGUÊS BRASILEIRO

PORTUGUÊS HÚNGARO

Para alargar o seu léxico e apurar
as suas competências linguísticas

3000 palavras

Vocabulário Português Brasileiro-Húngaro - 3000 palavras

Por Andrey Taranov

Os vocabulários da T&P Books destinam-se a ajudar a aprender, a memorizar, e a rever palavras estrangeiras. O dicionário é dividido em temas, cobrindo todas as principais esferas de atividades quotidianas, negócios, ciência, cultura, etc.

O processo de aprendizagem, utilizando os dicionários baseados em temáticas da T&P Books dá-lhe as seguintes vantagens:

- Informação de origem corretamente agrupada predetermina o sucesso em fases subsequentes da memorização de palavras
- Disponibilização de palavras derivadas da mesma raiz, o que permite a memorização de unidades de texto (em vez de palavras separadas)
- Pequenas unidades de palavras facilitam o processo de estabelecimento de vínculos associativos necessários para a consolidação do vocabulário
- O nível de conhecimento da língua pode ser estimado pelo número de palavras aprendidas

T&P Books Publishing
www.tpbooks.com

ISBN: 978-1-78767-412-7

Este livro também está disponível em formato E-book.
Por favor visite www.tpbooks.com ou as principais livrarias on-line.

VOCABULÁRIO HÚNGARO
palavras mais úteis

Os vocabulários da T&P Books destinam-se a ajudar a aprender, a memorizar, e a rever palavras estrangeiras. O vocabulário contém mais de 3000 palavras de uso comum organizadas tematicamente.

O vocabulário contém as palavras mais comummente usadas
Recomendado como adicional para qualquer curso de línguas
Satisfaz as necessidades dos iniciados e dos alunos avançados de línguas estrangeiras
Conveniente para o uso diário, sessões de revisão e atividades de auto-teste
Permite avaliar o seu vocabulário

Características especias do vocabulário

- As palavras estão organizadas de acordo com o seu significado, e não por ordem alfabética
- As palavras são apresentadas em três colunas para facilitar os processos de revisão e auto-teste
- As palavras compostas são divididas em pequenos blocos para facilitar o processo de aprendizagem
- O vocabulário oferece uma transcrição simples e adequada de cada palavra estrangeira

O vocabulário contém 101 tópicos incluindo:

Conceitos básicos, Números, Cores, Meses, Estações do ano, Unidades de medida, Roupas & Acessórios, Alimentos & Nutrição, Restaurante, Membros da Família, Parentes, Caráter, Sentimentos, Emoções, Doenças, Cidade, Passeios, Compras, Dinheiro, Casa, Lar, Escritório, Trabalho no Escritório, Importação & Exportação, Marketing, Pesquisa de Emprego, Esportes, Educação, Computador, Internet, Ferramentas, Natureza, Países, Nacionalidades e muito mais ...

TABELA DE CONTEÚDOS

GUIA DE PRONUNCIAÇÃO

Alfabeto fonético T&P	Exemplo Húngaro	Exemplo Português
[ɒ]	takaró [tɒkɒroː]	chamar
[aː]	bátor [baːtor]	rapaz
[ɛ]	öreg [ørɛg]	mesquita
[eː]	csésze [tʃɛːsɛ]	plateia
[i]	viccel [vitsɛl]	sinônimo
[iː]	híd [hiːd]	cair
[o]	komoly [komoj]	lobo
[oː]	óvoda [oːvodɒ]	albatroz
[ø]	könny [køɲː]	orgulhoso
[øː]	rendőr [rɛndøːr]	orgulhoso
[u]	tud [tud]	bonita
[uː]	bútor [buːtor]	blusa
[y]	üveg [yvɛg]	questionar
[yː]	tűzoltó [tyːzoltoː]	vermelho

Consoantes

[b]	borsó [borʃoː]	barril
[c]	kutya [kucɒ]	Tchim-tchim!
[ts]	recept [rɛtsɛpt]	tsé-tsé
[tʃ]	bocsát [botʃaːt]	Tchau!
[d]	dal [dɒl]	dentista
[dz]	edző [ɛdzøː]	pizza
[dʒ]	dzsem [dʒɛm]	adjetivo
[f]	feltétel [fɛlteːtɛl]	safári
[g]	régen [reːgɛn]	gosto
[h]	homok [homok]	[h] aspirada
[j]	játszik [jaːtsik]	Vietnä
[ɟ]	negyven [nɛɟvɛn]	jingle
[k]	katalógus [kɒtɒloːguʃ]	aquilo
[l]	olcsó [oltʃoː]	libra
[m]	megment [mɛgmɛnt]	magnólia
[n]	négyzet [neːɟzɛt]	natureza
[ŋ]	senki [ʃɛŋki]	alcançar
[ɲ]	kanyar [kɒɲɒr]	ninhada
[p]	pizsama [piʒɒmɒ]	presente
[r]	köröm [kørøm]	riscar

Alfabeto fonético T&P	Exemplo Húngaro	Exemplo Português
[s]	**szoknya** [sokɲɒ]	sanita
[ʃ]	**siet** [ʃiɛt]	mês
[t]	**táska** [taːʃkɒ]	tulipa
[v]	**vezető** [vɛzɛtøː]	fava
[z]	**frizura** [frizurɒ]	sésamo
[ʒ]	**mazsola** [mɒʒolɒ]	talvez

ABREVIATURAS
usadas no vocabulário

Abreviaturas do Português

adj	-	adjetivo
adv	-	advérbio
anim.	-	animado
conj.	-	conjunção
desp.	-	esporte
etc.	-	Etcetera
ex.	-	por exemplo
f	-	nome feminino
f pl	-	feminino plural
fem.	-	feminino
inanim.	-	inanimado
m	-	nome masculino
m pl	-	masculino plural
m, f	-	masculino, feminino
masc.	-	masculino
mat.	-	matemática
mil.	-	militar
pl	-	plural
prep.	-	preposição
pron.	-	pronome
sb.	-	sobre
sing.	-	singular
v aux	-	verbo auxiliar
vi	-	verbo intransitivo
vi, vt	-	verbo intransitivo, transitivo
vr	-	verbo reflexivo
vt	-	verbo transitivo

CONCEITOS BÁSICOS

1. Pronomes

eu	én	[e:n]
você	te	[tɛ]
ele, ela	ő	[ø:]
nós	mi	[mi]
vocês	ti	[ti]
eles, elas	ők	[ø:k]

2. Cumprimentos. Saudações

Oi!	Szervusz!	[sɛrvus]
Olá!	Szervusztok!	[sɛrvustok]
Bom dia!	Jó reggelt!	[jo: rɛggɛlt]
Boa tarde!	Jó napot!	[jo: nɒpot]
Boa noite!	Jó estét!	[jo: ɛʃte:t]
cumprimentar (vt)	köszönt	[køsønt]
Oi!	Szia!	[siɒ]
saudação (f)	üdvözlet	[ydvøzlɛt]
saudar (vt)	üdvözöl	[ydvøzøl]
Tudo bem?	Hogy vagy?	[hoɟ vɒɟ]
E aí, novidades?	Mi újság?	[mi u:jʃa:g]
Tchau! Até logo!	Viszontlátásra!	[visont la:ta:ʃrɒ]
Até breve!	A közeli viszontlátásra!	[ɒ køzɛli visont la:ta:ʃrɒ]
Adeus! (sing.)	Isten veled!	[iʃtɛn vɛlɛd]
Adeus! (pl)	Isten vele!	[iʃtɛn vɛlɛ]
despedir-se (dizer adeus)	elbúcsúzik	[ɛlbu:tʃu:zik]
Até mais!	Viszlát!	[visla:t]
Obrigado! -a!	Köszönöm!	[køsønøm]
Muito obrigado! -a!	Köszönöm szépen!	[køsønøm se:pɛn]
De nada	Kérem.	[ke:rɛm]
Não tem de quê	szóra sem érdemes	[so:rɒ ʃɛm e:rdɛmɛʃ]
Não foi nada!	nincs mit	[nintʃ mit]
Desculpa! -pe!	Bocsánat!	[botʃa:nɒt]
desculpar (vt)	bocsát	[botʃa:t]
desculpar-se (vr)	bocsánatot kér	[botʃa:nɒtot ke:r]
Me desculpe	bocsánatot kérek	[botʃa:nɒtot ke:rɛk]
Desculpe!	Elnézést!	[ɛlne:ze:ʃt]
perdoar (vt)	bocsát	[botʃa:t]
por favor	kérem szépen	[ke:rɛm se:pɛn]

Não se esqueça!	Ne felejtse!	[nɛ fɛlɛjtʃɛ]
Com certeza!	Persze!	[pɛrsɛ]
Claro que não!	Persze nem!	[pɛrsɛ nɛm]

| Está bem! De acordo! | Jól van! | [jo:l vɒn] |
| Chega! | Elég! | [ɛle:g] |

3. Questões

Quem?	Ki?	[ki]
O que?	Mi?	[mi]
Onde?	Hol?	[hol]
Para onde?	Hová?	[hova:]
De onde?	Honnan?	[honnɒn]

Quando?	Mikor?	[mikor]
Para quê?	Minek?	[minɛk]
Por quê?	Miért?	[mie:rt]

Para quê?	Miért?	[mie:rt]
Como?	Hogy? Hogyan?	[hoɟ], [hoɟɒn]
Qual (~ é o problema?)	Milyen?	[mijɛn]
Qual (~ deles?)	Melyik?	[mɛjik]

A quem?	Kinek?	[kinɛk]
De quem?	Kiről?	[kirø:l]
Do quê?	Miről?	[mirø:l]
Com quem?	Kivel?	[kivɛl]

Quantos? -as?	Hány?	[ha:ɲ]
Quanto?	Mennyi?	[mɛnɲi]
De quem? (masc.)	Kié?	[kie:]

4. Preposições

com (prep.)	val, -vel	[-vɒl, -vɛl]
sem (prep.)	nélkül	[ne:lkyl]
a, para (exprime lugar)	ba, -be	[bɒ, -bɛ]
sobre (ex. falar ~)	ról, -ről	[ro:l, -rø:l]

| antes de ... | elött | [ɛlø:tt] |
| em frente de ... | elött | [ɛlø:tt] |

debaixo de ...	alatt	[ɒlɒtt]
sobre (em cima de)	fölött	[føløtt]
em ..., sobre ...	n	[n]

| de, do (sou ~ Rio de Janeiro) | ból, -ből | [bo:l, -bø:l] |
| de (feito ~ pedra) | ból, -ből | [bo:l, -bø:l] |

| em (~ 3 dias) | múlva | [mu:lvɒ] |
| por cima de ... | keresztül | [kɛrɛstyl] |

5. Palavras funcionais. Advérbios. Parte 1

Onde?	Hol?	[hol]
aqui	itt	[itt]
lá, ali	ott	[ott]
em algum lugar	valahol	[vɒlɒhol]
em lugar nenhum	sehol	[ʃɛhol]
perto de ...	mellett, nál, -nél	[mɛllɛtt], [naːl, -neːl]
perto da janela	az ablaknál	[ɒz ɒblɒknaːl]
Para onde?	Hová?	[hovaː]
aqui	ide	[idɛ]
para lá	oda	[odɒ]
daqui	innen	[innɛn]
de lá, dali	onnan	[onnɒn]
perto	közel	[køzɛl]
longe	messze	[mɛssɛ]
perto de ...	mellett	[mɛllɛtt]
à mão, perto	a közelben	[ɒ køzɛlbɛn]
não fica longe	nem messze	[nɛm mɛssɛ]
esquerdo (adj)	bal	[bɒl]
à esquerda	balra	[bɒlrɒ]
para a esquerda	balra	[bɒlrɒ]
direito (adj)	jobb	[jobb]
à direita	jobbra	[jobbrɒ]
para a direita	jobbra	[jobbrɒ]
em frente	elöl	[ɛløl]
da frente	elülső	[ɛlylʃøː]
adiante (para a frente)	előre	[ɛløːrɛ]
atrás de ...	hátul	[haːtul]
de trás	hátulról	[haːtulroːl]
para trás	hátra	[haːtrɒ]
meio (m), metade (f)	közép	[køzeːp]
no meio	középen	[køzeːpɛn]
do lado	oldalról	[oldɒlroːl]
em todo lugar	mindenütt	[mindɛnytt]
por todos os lados	körül	[køryl]
de dentro	belülről	[bɛlylrøːl]
para algum lugar	valahova	[vɒlɒhovɒ]
diretamente	egyenesen	[ɛɟɛnɛʃɛn]
de volta	visszafelé	[vissɒfɛleː]
de algum lugar	valahonnan	[vɒlɒhonnɒn]
de algum lugar	valahonnan	[vɒlɒhonnɒn]

em primeiro lugar	először	[ɛlø:sør]
em segundo lugar	másodszor	[ma:ʃodsor]
em terceiro lugar	harmadszor	[hɒrmɒdsor]

de repente	hirtelen	[hirtɛlɛn]
no início	eleinte	[ɛlɛintɛ]
pela primeira vez	először	[ɛlø:sør]
muito antes de ...	jóval ... előtt	[jo:vɒl ... ɛlø:tt]
de novo	újra	[u:jrɒ]
para sempre	mindörökre	[mindørøkrɛ]

nunca	soha	[ʃohɒ]
de novo	ismét	[iʃme:t]
agora	most	[moʃt]
frequentemente	gyakran	[jokrɒn]
então	akkor	[ɒkkor]
urgentemente	sürgősen	[ʃyrgø:ʃɛn]
normalmente	általában	[a:ltɒla:bɒn]

a propósito, ...	apropó	[ɒpropo:]
é possível	lehetséges	[lɛhɛtʃe:gɛʃ]
provavelmente	valószínűleg	[vɒlo:si:ny:lɛg]
talvez	talán	[tɒla:n]
além disso, ...	azon kívül ...	[ɒzon ki:vyl]
por isso ...	ezért	[ɛze:rt]
apesar de ...	nek ellenére	[nɛk ɛllɛne:rɛ]
graças a ...	... köszenhetően	[køsɛnhɛtø:ɛn]

que (pron.)	mi	[mi]
que (conj.)	ami	[ɒmi]
algo	valami	[vɒlɒmi]
alguma coisa	valami	[vɒlɒmi]
nada	semmi	[ʃɛmmi]

quem	ki	[ki]
alguém (~ que ...)	valaki	[vɒlɒki]
alguém (com ~)	valaki	[vɒlɒki]

ninguém	senki	[ʃɛŋki]
para lugar nenhum	sehol	[ʃɛhol]
de ninguém	senkié	[ʃɛŋkie:]
de alguém	valakié	[vɒlɒkie:]

tão	így	[i:ɟ]
também (gostaria ~ de ...)	is	[iʃ]
também (~ eu)	is	[iʃ]

6. Palavras funcionais. Advérbios. Parte 2

Por quê?	Miért?	[mie:rt]
por alguma razão	valamiért	[vɒlɒmie:rt]
porque ...	azért, mert ...	[ɒze:rt], [mɛrt]
por qualquer razão	valamiért	[vɒlɒmie:rt]
e (tu ~ eu)	és	[e:ʃ]

ou (ser ~ não ser)	vagy	[vɒɟ]
mas (porém)	de	[dɛ]
para (~ a minha mãe)	... céljából	[tse:ja:bo:l]

muito, demais	túl	[tu:l]
só, somente	csak	[tʃɒk]
exatamente	pontosan	[pontoʃɒn]
cerca de (~ 10 kg)	körülbelül	[køɾylbɛlyl]

aproximadamente	körülbelül	[køɾylbɛlyl]
aproximado (adj)	megközelítő	[mɛgkøzɛli:tø:]
quase	majdnem	[mɒjdnɛm]
resto (m)	a többi	[ɒ tøbbi]

cada (adj)	minden	[mindɛn]
qualquer (adj)	bármilyen	[ba:rmijɛn]
muito, muitos, muitas	sok	[ʃok]
muitas pessoas	sokan	[ʃokɒn]
todos	mindenki	[mindɛŋki]

em troca de ...	ért cserébe	[e:rt tʃɛre:bɛ]
em troca	viszonzásul	[visonza:ʃul]
à mão	kézzel	[ke:zzɛl]
pouco provável	aligha	[ɒlighɒ]

provavelmente	valószínűleg	[vɒlo:si:ny:lɛg]
de propósito	szándékosan	[sa:nde:koʃɒn]
por acidente	véletlenül	[ve:lɛtlɛnyl]

muito	nagyon	[nɒɟøn]
por exemplo	például	[pe:lda:ul]
entre	között	[køzøtt]
entre (no meio de)	körében	[køre:bɛn]
tanto	annyi	[ɒɲɲi]
especialmente	különösen	[kylønøʃɛn]

NÚMEROS. DIVERSOS

7. Números cardinais. Parte 1

zero	nulla	[nullɒ]
um	egy	[ɛɟ]
dois	kettő, két	[kɛttø:], [ke:t]
três	három	[ha:rom]
quatro	négy	[ne:ɟ]
cinco	öt	[øt]
seis	hat	[hɒt]
sete	hét	[he:t]
oito	nyolc	[ɲolts]
nove	kilenc	[kilɛnts]
dez	tíz	[ti:z]
onze	tizenegy	[tizɛnɛɟ]
doze	tizenkettő	[tizɛŋkɛttø:]
treze	tizenhárom	[tizɛnha:rom]
catorze	tizennégy	[tizɛnne:ɟ]
quinze	tizenöt	[tizɛnøt]
dezesseis	tizenhat	[tizɛnhɒt]
dezessete	tizenhét	[tizɛnhe:t]
dezoito	tizennyolc	[tizɛnɲolts]
dezenove	tizenkilenc	[tizɛŋkilɛnts]
vinte	húsz	[hu:s]
vinte e um	huszonegy	[husonɛɟ]
vinte e dois	huszonkettő	[huson kɛttø:]
vinte e três	huszonhárom	[huson ha:rom]
trinta	harminc	[hɒrmints]
trinta e um	harmincegy	[hɒrmintsɛɟ]
trinta e dois	harminckettő	[hɒrmints kɛttø:]
trinta e três	harminchárom	[hɒrmintsha:rom]
quarenta	negyven	[nɛɟvɛn]
quarenta e um	negyvenegy	[nɛɟvɛnɛɟ]
quarenta e dois	negyvenkettő	[nɛɟvɛn kɛttø:]
quarenta e três	negyvenhárom	[nɛɟvɛn ha:rom]
cinquenta	ötven	[øtvɛn]
cinquenta e um	ötvenegy	[øtvɛnɛɟ]
cinquenta e dois	ötvenkettő	[øtvɛn kɛttø:]
cinquenta e três	ötvenhárom	[øtvɛn ha:rom]
sessenta	hatvan	[hɒtvɒn]
sessenta e um	hatvanegy	[hɒtvɒnɛɟ]

sessenta e dois	hatvankettő	[hɒtvɒn kɛttø:]
sessenta e três	hatvanhárom	[hɒtvɒn ha:rom]
setenta	hetven	[hɛtvɛn]
setenta e um	hetvenegy	[hɛtvɛnɛɟ]
setenta e dois	hetvenkettő	[hɛtvɛn kɛttø:]
setenta e três	hetvenhárom	[hɛtvɛn ha:rom]
oitenta	nyolcvan	[ɲoltsvɒn]
oitenta e um	nyolcvanegy	[ɲoltsvɒnɛɟ]
oitenta e dois	nyolcvankettő	[ɲoltsvɒn kɛttø:]
oitenta e três	nyolcvanhárom	[ɲoltsvɒn ha:rom]
noventa	kilencven	[kilɛntsvɛn]
noventa e um	kilencvenegy	[kilɛntsvɛnɛɟ]
noventa e dois	kilencvenkettő	[kilɛntsvɛn kɛttø:]
noventa e três	kilencvenhárom	[kilɛntsvɛn ha:rom]

8. Números cardinais. Parte 2

cem	száz	[sa:z]
duzentos	kétszáz	[ke:tsa:z]
trezentos	háromszáz	[ha:romsa:z]
quatrocentos	négyszáz	[ne:ɟsa:z]
quinhentos	ötszáz	[øtsa:z]
seiscentos	hatszáz	[hɒtsa:z]
setecentos	hétszáz	[he:tsa:z]
oitocentos	nyolcszáz	[ɲoltssa:z]
novecentos	kilencszáz	[kilɛntssa:z]
mil	ezer	[ɛzɛr]
dois mil	kétezer	[ke:tɛzɛr]
três mil	háromezer	[ha:romɛzɛr]
dez mil	tízezer	[ti:zɛzɛr]
cem mil	százezer	[sa:zɛzɛr]
um milhão	millió	[millio:]
um bilhão	milliárd	[millia:rd]

9. Números ordinais

primeiro (adj)	első	[ɛlʃø:]
segundo (adj)	második	[ma:ʃodik]
terceiro (adj)	harmadik	[hɒrmɒdik]
quarto (adj)	negyedik	[nɛɟɛdik]
quinto (adj)	ötödik	[øtødik]
sexto (adj)	hatodik	[hɒtodik]
sétimo (adj)	hetedik	[hɛtɛdik]
oitavo (adj)	nyolcadik	[ɲoltsɒdik]
nono (adj)	kilencedik	[kilɛntsɛdik]
décimo (adj)	tizedik	[tizɛdik]

CORES. UNIDADES DE MEDIDA

10. Cores

cor (f)	szín	[siːn]
tom (m)	árnyalat	[aːrɲɒlɒt]
tonalidade (m)	tónus	[toːnuʃ]
arco-íris (m)	szivárvány	[sivaːrvaːɲ]
branco (adj)	fehér	[fɛheːr]
preto (adj)	fekete	[fɛkɛtɛ]
cinza (adj)	szürke	[syrkɛ]
verde (adj)	zöld	[zøld]
amarelo (adj)	sárga	[ʃaːrgɒ]
vermelho (adj)	piros	[piroʃ]
azul (adj)	kék	[keːk]
azul claro (adj)	világoskék	[vilaːgoʃkeːk]
rosa (adj)	rózsaszínű	[roːʒɒsiːnyː]
laranja (adj)	narancssárga	[nɒrɒntʃ ʃaːrgɒ]
violeta (adj)	lila	[lilɒ]
marrom (adj)	barna	[bɒrnɒ]
dourado (adj)	arany	[ɒrɒɲ]
prateado (adj)	ezüstös	[ɛzyʃtøʃ]
bege (adj)	bézs	[beːʒ]
creme (adj)	krémszínű	[kreːmsiːnyː]
turquesa (adj)	türkizkék	[tyrkiskeːk]
vermelho cereja (adj)	meggyszínű	[mɛdɟ siːnyː]
lilás (adj)	lila	[lilɒ]
carmim (adj)	málnaszínű	[maːlnɒ siːnyː]
claro (adj)	világos	[vilaːgoʃ]
escuro (adj)	sötét	[ʃøteːt]
vivo (adj)	élénk	[eːleːŋk]
de cor	színes	[siːnɛʃ]
a cores	színes	[siːnɛʃ]
preto e branco (adj)	feketefehér	[fɛkɛtɛfɛheːr]
unicolor (de uma só cor)	egyszínű	[ɛɟsiːnyː]
multicolor (adj)	sokszínű	[ʃoksiːnyː]

11. Unidades de medida

peso (m)	súly	[ʃuːj]
comprimento (m)	hosszúság	[hossuːʃaːg]

largura (f)	szélesség	[se:lɛʃe:g]
altura (f)	magasság	[mɒgɒʃa:g]
profundidade (f)	mélység	[me:jʃe:g]
volume (m)	térfogat	[te:rfogɒt]
área (f)	terület	[tɛrylɛt]

grama (m)	gramm	[grɒmm]
miligrama (m)	milligramm	[milligrɒmm]
quilograma (m)	kilógramm	[kilo:grɒmm]
tonelada (f)	tonna	[tonnɒ]
libra (453,6 gramas)	font	[font]
onça (f)	uncia	[untsiɒ]

metro (m)	méter	[me:tɛr]
milímetro (m)	milliméter	[millime:tɛr]
centímetro (m)	centiméter	[tsɛntime:tɛr]
quilômetro (m)	kilométer	[kilome:tɛr]
milha (f)	mérföld	[me:rføld]

polegada (f)	hüvelyk	[hyvɛjk]
pé (304,74 mm)	láb	[la:b]
jarda (914,383 mm)	yard	[jard]

| metro (m) quadrado | négyzetméter | [ne:ɟzɛtme:tɛr] |
| hectare (m) | hektár | [hɛkta:r] |

litro (m)	liter	[litɛr]
grau (m)	fok	[fok]
volt (m)	volt	[volt]
ampère (m)	amper	[ɒmpɛr]
cavalo (m) de potência	lóerő	[lo:ɛrø:]

quantidade (f)	mennyiség	[mɛnɲiʃe:g]
um pouco de ...	egy kicsit ...	[ɛɟ: kitʃit]
metade (f)	fél	[fe:l]
dúzia (f)	tucat	[tutsɒt]
peça (f)	darab	[dɒrɒb]

| tamanho (m), dimensão (f) | méret | [me:rɛt] |
| escala (f) | lépték | [le:pte:k] |

mínimo (adj)	minimális	[minima:liʃ]
menor, mais pequeno	legkisebb	[lɛgkiʃɛbb]
médio (adj)	közép	[køze:p]
máximo (adj)	maximális	[mɒksima:liʃ]
maior, mais grande	legnagyobb	[lɛgnɒɟøbb]

12. Recipientes

pote (m) de vidro	befőttes üveg	[bɛfø:tɛs yvɛg]
lata (~ de cerveja)	bádogdoboz	[ba:dogdoboz]
balde (m)	vödör	[vødør]
barril (m)	hordó	[hordo:]
bacia (~ de plástico)	tál	[ta:l]

tanque (m)	tartály	[tɒrta:j]
cantil (m) de bolso	kulacs	[kulɒʧ]
galão (m) de gasolina	kanna	[kɒnnɒ]
cisterna (f)	ciszterna	[tsistɛrnɒ]
caneca (f)	bögre	[bøgrɛ]
xícara (f)	csésze	[ʧe:sɛ]
pires (m)	csészealj	[ʧe:sɛɒj]
copo (m)	pohár	[poha:r]
taça (f) de vinho	borospohár	[boroʃpoha:r]
panela (f)	lábas	[la:bɒʃ]
garrafa (f)	üveg	[yvɛg]
gargalo (m)	nyak	[nɒk]
jarra (f)	butélia	[bute:liɒ]
jarro (m)	korsó	[korʃo:]
recipiente (m)	edény	[ɛde:ɲ]
pote (m)	köcsög	[køʧøg]
vaso (m)	váza	[va:zɒ]
frasco (~ de perfume)	kölnisüveg	[kølniʃyvɛg]
frasquinho (m)	üvegcse	[yvɛgʧɛ]
tubo (m)	tubus	[tubuʃ]
saco (ex. ~ de açúcar)	zsák	[ʒa:k]
sacola (~ plastica)	zacskó	[zɒʧko:]
maço (de cigarros, etc.)	csomag	[ʧomɒg]
caixa (~ de sapatos, etc.)	doboz	[doboz]
caixote (~ de madeira)	láda	[la:dɒ]
cesto (m)	kosár	[koʃa:r]

VERBOS PRINCIPAIS

13. Os verbos mais importantes. Parte 1

abrir (vt)	nyit	[ɲit]
acabar, terminar (vt)	befejez	[bɛfɛjɛz]
aconselhar (vt)	tanácsol	[tɒnaːʧol]
adivinhar (vt)	kitalál	[kitɒlaːl]
advertir (vt)	figyelmeztet	[fiɟɛlmɛztɛt]
ajudar (vt)	segít	[ʃɛgiːt]
almoçar (vi)	ebédel	[ɛbeːdɛl]
alugar (~ um apartamento)	bérel	[beːrɛl]
amar (pessoa)	szeret	[sɛrɛt]
ameaçar (vt)	fenyeget	[fɛnɛgɛt]
anotar (escrever)	feljegyez	[fɛljɛɟɛz]
apressar-se (vr)	siet	[ʃiɛt]
arrepender-se (vr)	sajnál	[ʃɒjnaːl]
assinar (vt)	aláír	[ɒlaːiːr]
brincar (vi)	viccel	[vitsɛl]
brincar, jogar (vi, vt)	játszik	[jaːtsik]
buscar (vt)	keres	[kɛrɛʃ]
caçar (vi)	vadászik	[vɒdaːsik]
cair (vi)	esik	[ɛʃik]
cavar (vt)	ás	[aːʃ]
chamar (~ por socorro)	hív	[hiːv]
chegar (vi)	érkezik	[eːrkɛzik]
chorar (vi)	sír	[ʃiːr]
começar (vt)	kezd	[kɛzd]
comparar (vt)	összehasonlít	[øssɛhɒʃonliːt]
concordar (dizer "sim")	beleegyezik	[bɛlɛɛɟɛzik]
confiar (vt)	rábíz	[raːbiːz]
confundir (equivocar-se)	összetéveszt	[øssɛteːvɛst]
conhecer (vt)	ismer	[iʃmɛr]
contar (fazer contas)	számol	[saːmol]
contar com ...	számít ...re	[saːmiːt ...rɛ]
continuar (vt)	folytat	[fojtɒt]
controlar (vt)	ellenőriz	[ɛllɛnøːriz]
convidar (vt)	meghív	[mɛghiːv]
correr (vi)	fut	[fut]
criar (vt)	teremt	[tɛrɛmt]
custar (vt)	kerül	[kɛryl]

14. Os verbos mais importantes. Parte 2

dar (vt)	ad	[ɒd]
dar uma dica	céloz	[tse:loz]
decorar (enfeitar)	díszít	[di:si:t]
defender (vt)	véd	[ve:d]
deixar cair (vt)	leejt	[lɛɛjt]
descer (para baixo)	lemegy	[lɛmɛɟ]
desculpar-se (vr)	bocsánatot kér	[botʃa:nɒtot ke:r]
dirigir (~ uma empresa)	irányít	[ira:ni:t]
discutir (notícias, etc.)	megbeszél	[mɛgbɛse:l]
disparar, atirar (vi)	lő	[lø:]
dizer (vt)	mond	[mond]
duvidar (vt)	kételkedik	[ke:tɛlkɛdik]
encontrar (achar)	talál	[tɒla:l]
enganar (vt)	csal	[ʧɒl]
entender (vt)	ért	[e:rt]
entrar (na sala, etc.)	bemegy	[bɛmɛɟ]
enviar (uma carta)	felad	[fɛlod]
errar (enganar-se)	hibázik	[hiba:zik]
escolher (vt)	választ	[va:lɒst]
esconder (vt)	rejt	[rɛjt]
escrever (vt)	ír	[i:r]
esperar (aguardar)	vár	[va:r]
esperar (ter esperança)	remél	[rɛme:l]
esquecer (vt)	elfelejt	[ɛlfɛlɛjt]
estudar (vt)	tanul	[tɒnul]
exigir (vt)	követel	[køvɛtɛl]
existir (vi)	létezik	[le:tɛzik]
explicar (vt)	magyaráz	[mɒɟɒra:z]
falar (vi)	beszélget	[bɛse:lgɛt]
faltar (a la escuela, etc.)	elmulaszt	[ɛlmulɒst]
fazer (vt)	csinál	[ʧina:l]
ficar em silêncio	hallgat	[hɒllgɒt]
gabar-se (vr)	dicsekedik	[ditʃɛkɛdik]
gostar (apreciar)	tetszik	[tɛtsik]
gritar (vi)	kiabál	[kiɒba:l]
guardar (fotos, etc.)	megőriz	[mɛgø:riz]
informar (vt)	tájékoztat	[ta:je:koztɒt]
insistir (vi)	ragaszkodik	[rɒgɒskodik]
insultar (vt)	megsért	[mɛgʃe:rt]
interessar-se (vr)	érdeklődik	[e:rdɛklø:dik]
ir (a pé)	megy	[mɛɟ]
ir nadar	úszni megy	[u:sni mɛɟ]
jantar (vi)	vacsorázik	[vɒʧora:zik]

22

15. Os verbos mais importantes. Parte 3

ler (vt)	olvas	[olvɒʃ]
libertar, liberar (vt)	felszabadít	[fɛlsɒbɒdi:t]
matar (vt)	megöl	[mɛgøl]
mencionar (vt)	megemlít	[mɛgɛmli:t]
mostrar (vt)	mutat	[mutɒt]
mudar (modificar)	változtat	[va:ltoztɒt]
nadar (vi)	úszik	[u:sik]
negar-se a ... (vr)	lemond	[lɛmond]
objetar (vt)	ellentmond	[ɛllɛntmond]
observar (vt)	figyel	[fiɟɛl]
ordenar (mil.)	parancsol	[pɒrɒnt͡ʃol]
ouvir (vt)	hall	[hɒll]
pagar (vt)	fizet	[fizɛt]
parar (vi)	megáll	[mɛga:ll]
parar, cessar (vt)	abbahagy	[ɒbbɒhɒɟ]
participar (vi)	részt vesz	[re:st vɛs]
pedir (comida, etc.)	rendel	[rɛndɛl]
pedir (um favor, etc.)	kér	[ke:r]
pegar (tomar)	vesz	[vɛs]
pegar (uma bola)	fog	[fog]
pensar (vi, vt)	gondol	[gondol]
perceber (ver)	észrevesz	[e:srɛvɛs]
perdoar (vt)	bocsát	[bot͡ʃa:t]
perguntar (vt)	kérdez	[ke:rdɛz]
permitir (vt)	enged	[ɛŋgɛd]
pertencer a ... (vi)	tartozik	[tɒrtozik]
planejar (vt)	tervez	[tɛrvɛz]
poder (~ fazer algo)	tud	[tud]
possuir (uma casa, etc.)	rendelkezik	[rɛndɛlkɛzik]
preferir (vt)	többre becsül	[tøbbrɛ bɛt͡ʃyl]
preparar (vt)	készít	[ke:si:t]
prever (vt)	előre lát	[ɛløːrɛ la:t]
prometer (vt)	ígér	[i:ge:r]
pronunciar (vt)	kiejt	[kiɛjt]
propor (vt)	javasol	[jɒvɒʃol]
punir (castigar)	büntet	[byntɛt]
quebrar (vt)	tör	[tør]
queixar-se de ...	panaszkodik	[pɒnɒskodik]
querer (desejar)	akar	[ɒkɒr]

16. Os verbos mais importantes. Parte 4

ralhar, repreender (vt)	szid	[sid]
recomendar (vt)	ajánl	[ɒja:nl]

repetir (dizer outra vez)	ismétel	[iʃme:tɛl]
reservar (~ um quarto)	rezervál	[rɛzɛrva:l]
responder (vt)	válaszol	[va:lɒsol]
rezar, orar (vi)	imádkozik	[ima:dkozik]
rir (vi)	nevet	[nɛvɛt]
roubar (vt)	lop	[lop]
saber (vt)	tud	[tud]
sair (~ de casa)	kimegy	[kimɛɟ]
salvar (resgatar)	megment	[mɛgmɛnt]
seguir (~ alguém)	követ	[køvɛt]
sentar-se (vr)	leül	[lɛyl]
ser necessário	szükség van	[sykʃe:g vɒn]
ser, estar	van	[vɒn]
significar (vt)	jelent	[jɛlɛnt]
sorrir (vi)	mosolyog	[moʃojog]
subestimar (vt)	aláértékel	[ɒla:e:rte:kɛl]
surpreender-se (vr)	csodálkozik	[tʃoda:lkozik]
tentar (~ fazer)	próbál	[pro:ba:l]
ter (vt)	van	[vɒn]
ter fome	éhes van	[e:hɛʃ vɒn]
ter medo	fél	[fe:l]
ter sede	szomjas van	[somjɒʃ vɒn]
tocar (com as mãos)	érint	[e:rint]
tomar café da manhã	reggelizik	[rɛggɛlizik]
trabalhar (vi)	dolgozik	[dolgozik]
traduzir (vt)	fordít	[fordi:t]
unir (vt)	egyesít	[ɛɟɛʃi:t]
vender (vt)	elad	[ɛlɒd]
ver (vt)	lát	[la:t]
virar (~ para a direita)	fordul	[fordul]
voar (vi)	repül	[rɛpyl]

TEMPO. CALENDÁRIO

17. Dias da semana

segunda-feira (f)	hétfő	[he:tfø:]
terça-feira (f)	kedd	[kɛdd]
quarta-feira (f)	szerda	[sɛrdɒ]
quinta-feira (f)	csütörtök	[ʧytørtøk]
sexta-feira (f)	péntek	[pe:ntɛk]
sábado (m)	szombat	[sombɒt]
domingo (m)	vasárnap	[vɒʃa:rnɒp]
hoje	ma	[mɒ]
amanhã	holnap	[holnɒp]
depois de amanhã	holnapután	[holnɒputa:n]
ontem	tegnap	[tɛgnɒp]
anteontem	tegnapelőtt	[tɛgnɒpɛlø:tt]
dia (m)	nap	[nɒp]
dia (m) de trabalho	munkanap	[muŋkɒnɒp]
feriado (m)	ünnepnap	[ynnɛpnɒp]
dia (m) de folga	szabadnap	[sɒbɒdnɒp]
fim (m) de semana	hétvég	[he:tve:g]
o dia todo	egész nap	[ɛge:s nɒp]
no dia seguinte	másnap	[ma:ʃnɒp]
há dois dias	két nappal ezelőtt	[ke:t nɒppɒl ɛzɛlø:tt]
na véspera	az előző nap	[ɒz ɛlø:zø: nɒp]
diário (adj)	napi	[nɒpi]
todos os dias	naponta	[nɒpontɒ]
semana (f)	hét	[he:t]
na semana passada	a múlt héten	[ɒ mu:lt he:tɛn]
semana que vem	a következő héten	[ɒ køvɛtkɛzø: he:tɛn]
semanal (adj)	heti	[hɛti]
toda semana	hetente	[hɛtɛntɛ]
duas vezes por semana	kétszer hetente	[ke:tsɛr hɛtɛntɛ]
toda terça-feira	minden kedd	[mindɛn kɛdd]

18. Horas. Dia e noite

manhã (f)	reggel	[rɛggɛl]
de manhã	reggel	[rɛggɛl]
meio-dia (m)	délidő	[de:lidø:]
à tarde	délután	[de:luta:n]
tardinha (f)	este	[ɛʃtɛ]
à tardinha	este	[ɛʃtɛ]

25

noite (f)	éjszak	[e:jsɒk]
à noite	éjjel	[e:jjɛl]
meia-noite (f)	éjfél	[e:jfe:l]

segundo (m)	másodperc	[ma:ʃodpɛrts]
minuto (m)	perc	[pɛrts]
hora (f)	óra	[o:rɒ]
meia hora (f)	félóra	[fe:lo:rɒ]
quarto (m) de hora	negyedóra	[nɛɟɛdo:rɒ]
quinze minutos	tizenöt perc	[tizɛnøt pɛrts]
vinte e quatro horas	teljes nap	[tɛjɛʃ nɒp]

nascer (m) do sol	napkelte	[nɒpkɛltɛ]
amanhecer (m)	virradat	[virrɒdɒt]
madrugada (f)	kora reggel	[korɒ rɛggɛl]
pôr-do-sol (m)	naplemente	[nɒplɛmɛntɛ]

de madrugada	kora reggel	[korɒ rɛggɛl]
esta manhã	ma reggel	[mɒ rɛggɛl]
amanhã de manhã	holnap reggel	[holnɒp rɛggɛl]

esta tarde	ma nappal	[mɒ nɒppɒl]
à tarde	délután	[de:luta:n]
amanhã à tarde	holnap délután	[holnɒp de:luta:n]

| esta noite, hoje à noite | ma este | [mɒ ɛʃtɛ] |
| amanhã à noite | holnap este | [holnɒp ɛʃtɛ] |

às três horas em ponto	pont három órakor	[pont ha:rom o:rɒkor]
por volta das quatro	körülbelül négy órakor	[kørylbɛlyl ne:ɟ o:rɒkor]
às doze	tizenkét órára	[tizɛŋke:t o:ra:rɒ]

em vinte minutos	húsz perc múlva	[hu:s pɛrts mu:lvɒ]
em uma hora	egy óra múlva	[ɛɟ o:rɒ mu:lvɒ]
a tempo	időben	[idø:bɛn]

... um quarto para	háromnegyed	[ha:romnɛɟɛd]
dentro de uma hora	egy óra folyamán	[ɛɟ o:rɒ fojɒma:n]
a cada quinze minutos	minden tizenöt perc	[mindɛn tizɛnøt pɛrts]
as vinte e quatro horas	éjjel nappal	[e:jjɛl nɒppɒl]

19. Meses. Estações

janeiro (m)	január	[jɒnua:r]
fevereiro (m)	február	[fɛbrua:r]
março (m)	március	[ma:rtsiuʃ]
abril (m)	április	[a:priliʃ]
maio (m)	május	[ma:juʃ]
junho (m)	június	[ju:niuʃ]

julho (m)	július	[ju:liuʃ]
agosto (m)	augusztus	[ɒugustuʃ]
setembro (m)	szeptember	[sɛptɛmbɛr]
outubro (m)	október	[okto:bɛr]

| novembro (m) | november | [novɛmbɛr] |
| dezembro (m) | december | [dɛtsɛmbɛr] |

primavera (f)	tavasz	[tɒvɒs]
na primavera	tavasszal	[tɒvɒssɒl]
primaveril (adj)	tavaszi	[tɒvɒsi]

verão (m)	nyár	[ɲaːr]
no verão	nyáron	[ɲaːron]
de verão	nyári	[ɲaːri]

outono (m)	ősz	[øːs]
no outono	ősszel	[øːssɛl]
outonal (adj)	őszi	[øːsi]

inverno (m)	tél	[teːl]
no inverno	télen	[teːlɛn]
de inverno	téli	[teːli]

mês (m)	hónap	[hoːnɒp]
este mês	ebben a hónapban	[ɛbbɛn ɒ hoːnɒpbɒn]
mês que vem	a következő hónapban	[ɒ køvɛtkɛzøː hoːnɒpbɒn]
no mês passado	a múlt hónapban	[ɒ muːlt hoːnɒpbɒn]

um mês atrás	egy hónappal ezelőtt	[ɛɟ hoːnɒppɒl ɛzɛløːtt]
em um mês	egy hónap múlva	[ɛɟ hoːnɒp muːlvɒ]
em dois meses	két hónap múlva	[keːt hoːnɒp muːlvɒ]
todo o mês	az egész hónap	[ɒz ɛgeːs hoːnɒp]
um mês inteiro	az egész hónap	[ɒz ɛgeːs hoːnɒp]

mensal (adj)	havi	[hɒvi]
mensalmente	havonta	[hɒvontɒ]
todo mês	minden hónap	[mindɛn hoːnɒp]
duas vezes por mês	kétszer havonta	[keːtsɛr hɒvontɒ]

ano (m)	év	[eːv]
este ano	ebben az évben	[ɛbbɛn ɒz eːvbɛn]
ano que vem	a következő évben	[ɒ køvɛtkɛzøː eːvbɛn]
no ano passado	a múlt évben	[ɒ muːlt eːvbɛn]

há um ano	egy évvel ezelőtt	[ɛɟ eːvvɛl ɛzɛløːtt]
em um ano	egy év múlva	[ɛɟ eːv muːlvɒ]
dentro de dois anos	két év múlva	[keːt eːv muːlvɒ]
todo o ano	az egész év	[ɒz ɛgeːs eːv]
um ano inteiro	az egész év	[ɒz ɛgeːs eːv]

cada ano	minden év	[mindɛn eːv]
anual (adj)	évi	[eːvi]
anualmente	évente	[eːvɛntɛ]
quatro vezes por ano	négyszer évente	[neːɟsɛr eːvɛntɛ]

data (~ de hoje)	nap	[nɒp]
data (ex. ~ de nascimento)	dátum	[daːtum]
calendário (m)	naptár	[nɒptaːr]
meio ano	fél év	[feːl eːv]
seis meses	félév	[feːleːv]

| estação (f) | **évszak** | [eːvsɒk] |
| século (m) | **század** | [saːzɒd] |

VIAGENS. HOTEL

20. Viagens

turismo (m)	turizmus	[turizmuʃ]
turista (m)	turista	[turiʃtɒ]
viagem (f)	utazás	[utɒza:ʃ]
aventura (f)	kaland	[kɒlɒnd]
percurso (curta viagem)	utazás	[utɒza:ʃ]
férias (f pl)	szabadság	[sɒbɒdʃa:g]
estar de férias	szabadságon van	[sɒbɒdʃa:gon vɒn]
descanso (m)	pihenés	[pihɛne:ʃ]
trem (m)	vonat	[vonɒt]
de trem (chegar ~)	vonattal	[vonɒttɒl]
avião (m)	repülőgép	[rɛpylø:ge:p]
de avião	repülőgéppel	[rɛpylø:ge:ppɛl]
de carro	autóval	[ɒuto:vɒl]
de navio	hajóval	[hɒjo:vɒl]
bagagem (f)	csomag	[ʧomɒg]
mala (f)	bőrönd	[bø:rønd]
carrinho (m)	kocsi	[koʧi]
passaporte (m)	útlevél	[u:tlɛve:l]
visto (m)	vízum	[vi:zum]
passagem (f)	jegy	[jɛɟ]
passagem (f) aérea	repülőjegy	[rɛpylø:jɛɟ]
guia (m) de viagem	útikalauz	[u:tikɒlɒuz]
mapa (m)	térkép	[te:rke:p]
área (f)	vidék	[vide:k]
lugar (m)	hely	[hɛj]
exotismo (m)	egzotikum	[ɛgzotikum]
exótico (adj)	egzotikus	[ɛgzotikuʃ]
surpreendente (adj)	csodálatos	[ʧoda:lɒtoʃ]
grupo (m)	csoport	[ʧoport]
excursão (f)	kirándulás	[kira:ndula:ʃ]
guia (m)	idegenvezető	[idɛgɛn vɛzɛtø:]

21. Hotel

hotel (m)	szálloda	[sa:llodɒ]
motel (m)	motel	[motɛl]
três estrelas	három csillagos	[ha:rom ʧillɒgoʃ]

cinco estrelas	öt csillagos	[øt tʃillogoʃ]
ficar (vi, vt)	megszáll	[mɛgsa:ll]
quarto (m)	szoba	[sobɒ]
quarto (m) individual	egyágyas szoba	[ɛ̩a:ɟoʃ sobɒ]
quarto (m) duplo	kétágyas szoba	[ke:ta:ɟoʃ sobɒ]
reservar um quarto	lefoglal egy szobát	[lɛfoglɒl ɛɟ soba:t]
meia pensão (f)	félpanzió	[fe:lpɒnzio:]
pensão (f) completa	teljes panzió	[tɛjɛʃ pɒnzio:]
com banheira	fürdőszobával	[fyrdø:soba:vɒl]
com chuveiro	zuhannyal	[zuhɒnnɒl]
televisão (m) por satélite	műholdas televízió	[my:holdɒʃ tɛlɛvizio:]
ar (m) condicionado	légkondicionáló	[le:gkonditsiona:lo:]
toalha (f)	törülköző	[tørylkøzø:]
chave (f)	kulcs	[kultʃ]
administrador (m)	adminisztrátor	[ɒdministra:tor]
camareira (f)	szobalány	[sobɒla:ɲ]
bagageiro (m)	hordár	[horda:r]
porteiro (m)	portás	[porta:ʃ]
restaurante (m)	étterem	[e:ttɛrɛm]
bar (m)	bár	[ba:r]
café (m) da manhã	reggeli	[rɛggɛli]
jantar (m)	vacsora	[vɒtʃorɒ]
bufê (m)	svédasztal	[ʃve:dɒstɒl]
elevador (m)	lift	[lift]
NÃO PERTURBE	KÉRJÜK, NE ZAVARJANAK!	[ke:rjyk nɛ zɒvɒrjɒnɒk]
PROIBIDO FUMAR!	DOHÁNYOZNI TILOS!	[doha:nøzni tiloʃ]

22. Turismo

monumento (m)	műemlék	[my:ɛmle:k]
fortaleza (f)	erőd	[ɛrø:d]
palácio (m)	palota	[polotɒ]
castelo (m)	kastély	[kɒʃte:j]
torre (f)	torony	[toroɲ]
mausoléu (m)	mauzóleum	[mɒuzo:lɛum]
arquitetura (f)	építészet	[e:pi:te:sɛt]
medieval (adj)	középkori	[køze:pkori]
antigo (adj)	ősi	[ø:ʃi]
nacional (adj)	nemzeti	[nɛmzɛti]
famoso, conhecido (adj)	híres	[hi:rɛʃ]
turista (m)	turista	[turiʃtɒ]
guia (pessoa)	idegenvezető	[idɛgɛn vɛzɛtø:]
excursão (f)	kirándulás	[kira:ndula:ʃ]
mostrar (vt)	mutat	[mutɒt]
contar (vt)	mesél	[mɛʃe:l]

encontrar (vt)	talál	[tɒlaːl]
perder-se (vr)	elvész	[ɛlveːs]
mapa (~ do metrô)	térkép	[teːrkeːp]
mapa (~ da cidade)	térkép	[teːrkeːp]

lembrança (f), presente (m)	emléktárgy	[ɛmleːktaːrɟ]
loja (f) de presentes	ajándékbolt	[ɒjaːndeːkbolt]
tirar fotos, fotografar	fényképez	[feːɲkeːpɛz]
fotografar-se (vr)	lefényképezteti magát	[lɛfeːɲkeːpɛztɛti mɒgaːt]

TRANSPORTES

23. Aeroporto

aeroporto (m)	repülőtér	[rɛpylø:te:r]
avião (m)	repülőgép	[rɛpylø:ge:p]
companhia (f) aérea	légitársaság	[le:gi ta:rʃɒʃa:g]
controlador (m) de tráfego aéreo	diszpécser	[dispe:tʃɛr]
partida (f)	elrepülés	[ɛlrɛpyle:ʃ]
chegada (f)	megérkezés	[mɛge:rkɛze:ʃ]
chegar (vi)	megérkezik	[mɛge:rkɛzik]
hora (f) de partida	az indulás ideje	[ɒz indula:ʃ idɛjɛ]
hora (f) de chegada	a leszállás ideje	[ɒ lɛsa:lla:ʃ idɛjɛ]
estar atrasado	késik	[ke:ʃik]
atraso (m) de voo	a felszállás késése	[ɒ fɛlsa:lla:ʃ ke:ʃe:ʃɛ]
painel (m) de informação	tájékoztató tabló	[ta:je:koztɒto: tɒblo:]
informação (f)	információ	[informa:tsio:]
anunciar (vt)	bemond	[bɛmond]
voo (m)	járat	[ja:rɒt]
alfândega (f)	vám	[va:m]
funcionário (m) da alfândega	vámos	[va:moʃ]
declaração (f) alfandegária	vámnyilatkozat	[va:mɲilɒtkozɒt]
preencher (vt)	tölt	[tølt]
controle (m) de passaporte	útlevélvizsgálat	[u:tlɛve:lviʒga:lɒt]
bagagem (f)	poggyász	[poɟa:s]
bagagem (f) de mão	kézipoggyász	[ke:zipodɟa:s]
carrinho (m)	kocsi	[kotʃi]
pouso (m)	leszállás	[lɛsa:lla:ʃ]
pista (f) de pouso	leszállóhely	[lɛsa:llo:U4947hɛj]
aterrissar (vi)	leszáll	[lɛsa:ll]
escada (f) de avião	utaslépcső	[utɒʃ le:ptʃø:]
check-in (m)	bejegyzés	[bɛjɛɟze:ʃ]
balcão (m) do check-in	jegy és poggyászkezelés	[jɛɟ e:ʃ poɟa:s kɛzɛle:ʃ]
fazer o check-in	bejegyzi magát	[bɛjɛɟzi mɒga:t]
cartão (m) de embarque	beszállókártya	[bɛsa:llo:ka:rcɒ]
portão (m) de embarque	kapu	[kɒpu]
trânsito (m)	tranzit	[trɒnzit]
esperar (vi, vt)	vár	[va:r]
sala (f) de espera	váróterem	[va:ro:tɛrɛm]

| despedir-se (acompanhar) | kísér | [ki:ʃe:r] |
| despedir-se (dizer adeus) | elbúcsúzik | [ɛlbu:tʃu:zik] |

24. Avião

avião (m)	repülőgép	[rɛpylø:ge:p]
passagem (f) aérea	repülőjegy	[rɛpylø:jɛɟ]
companhia (f) aérea	légitársaság	[le:gi ta:rʃɒʃa:g]
aeroporto (m)	repülőtér	[rɛpylø:te:r]
supersônico (adj)	szuperszónikus	[supɛrso:nikuʃ]

comandante (m) do avião	kapitány	[kɒpita:ɲ]
tripulação (f)	személyzet	[sɛme:jzɛt]
piloto (m)	pilóta	[pilo:tɒ]
aeromoça (f)	légikisasszony	[le:gikiʃɒssoɲ]
copiloto (m)	navigátor	[nɒviga:tor]

asas (f pl)	szárnyak	[sa:rɲɒk]
cauda (f)	vég	[ve:g]
cabine (f)	fülke	[fylkɛ]
motor (m)	motor	[motor]
trem (m) de pouso	futómű	[futo:my:]
turbina (f)	turbina	[turbinɒ]
hélice (f)	légcsavar	[le:gtʃɒvɒr]
caixa-preta (f)	fekete doboz	[fɛkɛtɛ doboz]
coluna (f) de controle	kormány	[korma:ɲ]
combustível (m)	üzemanyag	[yzɛmɒɲɒg]

instruções (f pl) de segurança	instrukció	[inʃtruktsio:]
máscara (f) de oxigênio	oxigénmaszk	[oksige:nmɒsk]
uniforme (m)	egyenruha	[ɛɟɛnruhɒ]
colete (m) salva-vidas	mentőmellény	[mɛntø:mɛlle:ɲ]
paraquedas (m)	ejtőernyő	[ɛjtø:ɛrɲø:]
decolagem (f)	felszállás	[fɛlsa:lla:ʃ]
descolar (vi)	felszáll	[fɛlsa:ll]
pista (f) de decolagem	kifutópálya	[kifuto:pa:jɒ]

visibilidade (f)	láthatóság	[la:thɒto:ʃa:g]
voo (m)	repülés	[rɛpyle:ʃ]
altura (f)	magasság	[mɒgɒʃa:g]
poço (m) de ar	turbulencia	[turbulɛntsiɒ]

assento (m)	hely	[hɛj]
fone (m) de ouvido	fejhallgató	[fɛjhɒllgɒto:]
mesa (f) retrátil	felhajtható asztal	[fɛlhɒjthɒto: ɒstɒl]
janela (f)	repülőablak	[rɛpylø:ɒblɒk]
corredor (m)	járat	[ja:rɒt]

25. Comboio

| trem (m) | vonat | [vonɒt] |
| trem (m) elétrico | villanyvonat | [villɒɲvonɒt] |

trem (m)	gyorsvonat	[jørʃvonɒt]
locomotiva (f) diesel	dízelmozdony	[di:zɛlmozdoɲ]
locomotiva (f) a vapor	gőzmozdony	[gø:zmozdoɲ]

vagão (f) de passageiros	személykocsi	[sɛme:jkotʃi]
vagão-restaurante (m)	étkezőkocsi	[e:tkɛzø:kotʃi]

carris (m pl)	sín	[ʃi:n]
estrada (f) de ferro	vasút	[vɒʃu:t]
travessa (f)	talpfa	[tɒlpfɒ]

plataforma (f)	peron	[pɛron]
linha (f)	vágány	[va:ga:ɲ]
semáforo (m)	karjelző	[kɒrjɛlzø:]
estação (f)	állomás	[a:lloma:ʃ]

maquinista (m)	vonatvezető	[vonɒtvɛzɛtø:]
bagageiro (m)	hordár	[horda:r]
hospedeiro, -a (m, f)	kalauz	[kɒlɒuz]
passageiro (m)	utas	[utɒʃ]
revisor (m)	ellenőr	[ɛllɛnø:r]

corredor (m)	folyosó	[fojoʃo:]
freio (m) de emergência	vészfék	[ve:sfe:k]

compartimento (m)	fülke	[fylkɛ]
cama (f)	polc	[polts]
cama (f) de cima	felső polc	[fɛlʃø: polts]
cama (f) de baixo	alsó polc	[ɒlʃo: polts]
roupa (f) de cama	ágynemű	[a:ɲɛmy:]

passagem (f)	jegy	[jɛɟ]
horário (m)	menetrend	[mɛnɛtrɛnd]
painel (m) de informação	tabló	[tɒblo:]

partir (vt)	indul	[indul]
partida (f)	indulás	[indula:ʃ]
chegar (vi)	érkezik	[e:rkɛzik]
chegada (f)	érkezés	[e:rkɛze:ʃ]

chegar de trem	vonaton érkezik	[vonɒton e:rkɛzik]
pegar o trem	felszáll a vonatra	[fɛlsa:ll ɒ vonɒtrɒ]
descer de trem	leszáll a vonatról	[lɛsa:ll ɒ vonɒtro:l]

acidente (m) ferroviário	vasúti szerencsétlenség	[vɒʃu:ti sɛrɛntʃe:tlɛnʃe:g]
locomotiva (f) a vapor	gőzmozdony	[gø:zmozdoɲ]
foguista (m)	kazánfűtő	[kɒza:nfy:tø:]
fornalha (f)	tűztér	[ty:zte:r]
carvão (m)	szén	[se:n]

26. Barco

navio (m)	hajó	[hɒjo:]
embarcação (f)	vízi jármű	[vi:zi ja:rmy:]

barco (m) a vapor	gőzhajó	[gø:zhɒjo:]
barco (m) fluvial	motoros hajó	[motoroʃ hɒjo:]
transatlântico (m)	óceánjáró	[o:tsɛa:nja:ro:]
cruzeiro (m)	cirkáló	[tsirka:lo:]
iate (m)	jacht	[jɒxt]
rebocador (m)	vontatóhajó	[vontɒto: hɒjo:]
barcaça (f)	uszály	[usa:j]
ferry (m)	komp	[komp]
veleiro (m)	vitorlás hajó	[vitorla:ʃ hɒjo:]
bergantim (m)	brigantine	[brigantin]
quebra-gelo (m)	jégtörő hajó	[je:gtørø: hɒjo:]
submarino (m)	tengeralattjáró	[tɛngɛrɒlɒttja:ro:]
bote, barco (m)	csónak	[tʃo:nɒk]
baleeira (bote salva-vidas)	csónak	[tʃo:nɒk]
bote (m) salva-vidas	mentőcsónak	[mɛntø:tʃo:nɒk]
lancha (f)	motorcsónak	[motor tʃo:nɒk]
capitão (m)	kapitány	[kɒpita:ɲ]
marinheiro (m)	tengerész	[tɛngɛre:s]
marujo (m)	tengerész	[tɛngɛre:s]
tripulação (f)	személyzet	[sɛme:jzɛt]
contramestre (m)	fedélzetmester	[fɛde:lzɛtmɛʃtɛr]
grumete (m)	matrózinas	[mɒtro:zinɒʃ]
cozinheiro (m) de bordo	hajószakács	[hɒjo:sɒka:tʃ]
médico (m) de bordo	hajóorvos	[hɒjo:orvoʃ]
convés (m)	fedélzet	[fɛde:lzɛt]
mastro (m)	árboc	[a:rbots]
vela (f)	vitorla	[vitorlɒ]
porão (m)	hajóűr	[hɒjo:y:r]
proa (f)	orr	[orr]
popa (f)	hajófar	[hɒjo:for]
remo (m)	evező	[ɛvɛzø:]
hélice (f)	csavar	[tʃɒvɒr]
cabine (m)	hajófülke	[hɒjo:fylkɛ]
sala (f) dos oficiais	társalgó	[ta:rʃɒlgo:]
sala (f) das máquinas	gépház	[ge:pha:z]
ponte (m) de comando	parancsnoki híd	[pɒrɒntʃnoki hi:d]
sala (f) de comunicações	rádiófülke	[ra:dio:fylkɛ]
onda (f)	hullám	[hulla:m]
diário (m) de bordo	hajónapló	[hɒjo:nɒplo:]
luneta (f)	távcső	[ta:vtʃø:]
sino (m)	harang	[hɒrɒng]
bandeira (f)	zászló	[za:slo:]
cabo (m)	kötél	[køte:l]
nó (m)	tengeri csomó	[tɛngɛri tʃomo:]
corrimão (m)	korlát	[korla:t]

prancha (f) de embarque	hajólépcső	[hɒjo:le:pʧø:]
âncora (f)	horgony	[horgoɲ]
recolher a âncora	horgonyt felszed	[horgoɲt fɛlsɛd]
jogar a âncora	horgonyt vet	[horgoɲt vɛt]
amarra (corrente de âncora)	horgonylánc	[horgoɲla:nts]

porto (m)	kikötő	[kikøtø:]
cais, amarradouro (m)	móló, kikötő	[mo:lo:], [kikøtø:]
atracar (vi)	kiköt	[kikøt]
desatracar (vi)	elold	[ɛlold]

viagem (f)	utazás	[utɒza:ʃ]
cruzeiro (m)	hajóút	[hɒjo:u:t]
rumo (m)	irány	[ira:ɲ]
itinerário (m)	járat	[ja:rɒt]

canal (m) de navegação	hajózható út	[hɒjo:zhɒto: u:t]
banco (m) de areia	zátony	[za:toɲ]
encalhar (vt)	zátonyra fut	[za:toɲrɒ fut]

tempestade (f)	vihar	[vihɒr]
sinal (m)	jelzés	[jɛlze:ʃ]
afundar-se (vr)	elmerül	[ɛlmɛryl]
SOS	SOS	[sos]
boia (f) salva-vidas	mentőöv	[mɛntø:øv]

CIDADE

27. Transportes urbanos

ônibus (m)	busz	[bus]
bonde (m) elétrico	villamos	[villɒmoʃ]
trólebus (m)	trolibusz	[trolibus]
rota (f), itinerário (m)	járat	[ja:rɒt]
número (m)	szám	[sa:m]

ir de … (carro, etc.)	megy …vel	[mɛɟ …vɛl]
entrar no …	felszáll	[fɛlsa:ll]
descer do …	leszáll	[lɛsa:ll]

parada (f)	állomás	[a:lloma:ʃ]
próxima parada (f)	következő állomás	[køvɛtkɛzø: a:lloma:ʃ]
terminal (m)	végállomás	[ve:ga:lloma:ʃ]
horário (m)	menetrend	[mɛnɛtrɛnd]
esperar (vt)	vár	[va:r]

passagem (f)	jegy	[jɛɟ]
tarifa (f)	jegyár	[jɛɟa:r]

bilheteiro (m)	pénztáros	[pe:nsta:roʃ]
controle (m) de passagens	ellenőrzés	[ɛllɛnø:rze:ʃ]
revisor (m)	ellenőr	[ɛllɛnø:r]

atrasar-se (vr)	késik	[ke:ʃik]
perder (o autocarro, etc.)	elkésik …re	[ɛlke:ʃik …rɛ]
estar com pressa	siet	[ʃiɛt]

táxi (m)	taxi	[tɒksi]
taxista (m)	taxis	[tɒksiʃ]
de táxi (ir ~)	taxival	[tɒksivɒl]
ponto (m) de táxis	taxiállomás	[tɒksia:lloma:ʃ]
chamar um táxi	taxit hív	[tɒksit hi:v]
pegar um táxi	taxival megy	[tɒksival mɛɟ]

tráfego (m)	közlekedés	[køzlɛkɛde:ʃ]
engarrafamento (m)	dugó	[dugo:]
horas (f pl) de pico	csúcsforgalom	[ʧu:ʧforgɒlom]
estacionar (vi)	parkol	[pɒrkol]
estacionar (vt)	parkol	[pɒrkol]
parque (m) de estacionamento	parkolóhely	[pɒrkolo:hɛj]

metrô (m)	metró	[mɛtro:]
estação (f)	állomás	[a:lloma:ʃ]
ir de metrô	metróval megy	[mɛtro:vɒl mɛɟ]
trem (m)	vonat	[vonɒt]
estação (f) de trem	pályaudvar	[pa:jɒudvɒr]

28. Cidade. Vida na cidade

cidade (f)	város	[va:roʃ]
capital (f)	főváros	[fø:va:roʃ]
aldeia (f)	falu	[fɒlu]
mapa (m) da cidade	város térképe	[va:roʃ te:rke:pɛ]
centro (m) da cidade	városközpont	[va:roʃkøspont]
subúrbio (m)	külváros	[kylva:roʃ]
suburbano (adj)	külvárosi	[kylva:roʃi]
periferia (f)	külváros	[kylva:roʃ]
arredores (m pl)	környék	[kørne:k]
quarteirão (m)	városnegyed	[va:roʃnɛɟɛd]
quarteirão (m) residencial	lakótelep	[lɒko:tɛlɛp]
tráfego (m)	közlekedés	[køzlɛkɛde:ʃ]
semáforo (m)	lámpa	[la:mpɒ]
transporte (m) público	városi közlekedés	[va:roʃi køzlɛkɛde:ʃ]
cruzamento (m)	útkereszteződés	[u:tkɛrɛstɛzø:de:s]
faixa (f)	átkelőhely	[a:tkɛlø:hɛj]
túnel (m) subterrâneo	aluljáró	[ɒlulja:ro:]
cruzar, atravessar (vt)	átmegy	[a:tmɛɟ]
pedestre (m)	gyalogos	[ɟologoʃ]
calçada (f)	járda	[ja:rdɒ]
ponte (f)	híd	[hi:d]
margem (f) do rio	rakpart	[rɒkpɒrt]
fonte (f)	szökőkút	[søkø:ku:t]
alameda (f)	fasor	[fɒʃor]
parque (m)	park	[pɒrk]
bulevar (m)	sétány	[ʃe:ta:ɲ]
praça (f)	tér	[te:r]
avenida (f)	sugárút	[ʃuga:ru:t]
rua (f)	utca	[uttsɒ]
travessa (f)	mellékutca	[mɛlle:kutsɒ]
beco (m) sem saída	zsákutca	[ʒa:kuttsɒ]
casa (f)	ház	[ha:z]
edifício, prédio (m)	épület	[e:pylɛt]
arranha-céu (m)	felhőkarcoló	[fɛlhø:kɒrtsolo:]
fachada (f)	homlokzat	[homlogzɒt]
telhado (m)	tető	[tɛtø:]
janela (f)	ablak	[ɒblɒk]
arco (m)	boltív	[bolti:v]
coluna (f)	oszlop	[oslop]
esquina (f)	sarok	[ʃɒrok]
vitrine (f)	kirakat	[kirɒkɒt]
letreiro (m)	cégtábla	[tse:gta:blɒ]
cartaz (do filme, etc.)	poszter	[postɛr]
cartaz (m) publicitário	reklámplakát	[rɛkla:m plɒka:t]

painel (m) publicitário	hirdetőtábla	[hirdɛtø:ta:blɒ]
lixo (m)	szemét	[sɛme:t]
lata (f) de lixo	kuka	[kukɒ]
jogar lixo na rua	szemetel	[sɛmɛtɛl]
aterro (m) sanitário	szemétlerakó hely	[sɛme:tlɛrɒko: hɛj]

orelhão (m)	telefonfülke	[tɛlɛfonfylkɛ]
poste (m) de luz	lámpaoszlop	[la:mpɒoslop]
banco (m)	pad	[pɒd]

polícia (m)	rendőr	[rɛndø:r]
polícia (instituição)	rendőrség	[rɛndø:rʃe:g]
mendigo, pedinte (m)	koldus	[koɭduʃ]
desabrigado (m)	hajléktalan	[hɒjle:ktɒlɒn]

29. Instituições urbanas

loja (f)	bolt	[bolt]
drogaria (f)	gyógyszertár	[ɟø:ɟsɛrta:r]
ótica (f)	optika	[optikɒ]
centro (m) comercial	vásárlóközpont	[va:ʃa:rlo: køspont]
supermercado (m)	szupermarket	[supɛrmɒrkɛt]

padaria (f)	péküzlet	[pe:kyzlɛt]
padeiro (m)	pék	[pe:k]
pastelaria (f)	cukrászda	[tsukra:sdɒ]
mercearia (f)	élelmiszerbolt	[e:lɛlmisɛrbolt]
açougue (m)	húsbolt	[hu:ʃbolt]

| fruteira (f) | zöldségbolt | [zøldʃe:gbolt] |
| mercado (m) | piac | [piɒts] |

cafeteria (f)	kávézó	[ka:ve:zo:]
restaurante (m)	étterem	[e:ttɛrɛm]
bar (m)	söröző	[ʃørøzø:]
pizzaria (f)	pizzéria	[pitse:riɒ]

salão (m) de cabeleireiro	fodrászat	[fodra:sɒt]
agência (f) dos correios	posta	[poʃtɒ]
lavanderia (f)	vegytisztítás	[vɛɟtisti:ta:ʃ]
estúdio (m) fotográfico	fényképészet	[fe:ɲke:pe:sɛt]

sapataria (f)	cipőbolt	[tsipø:bolt]
livraria (f)	könyvesbolt	[køɲvɛʃbolt]
loja (f) de artigos esportivos	sportbolt	[ʃportbolt]

costureira (m)	ruhajavítás	[ruhɒ jɒvi:ta:ʃ]
aluguel (m) de roupa	ruhakölcsönzés	[ruhɒ køltʃønze:ʃ]
videolocadora (f)	filmkölcsönzés	[film køltʃønze:ʃ]

circo (m)	cirkusz	[tsirkus]
jardim (m) zoológico	állatkert	[a:llɒt kɛrt]
cinema (m)	mozi	[mozi]
museu (m)	múzeum	[mu:zɛum]

biblioteca (f)	könyvtár	[køɲvta:r]
teatro (m)	színház	[si:nha:z]
ópera (f)	opera	[opɛrɒ]
boate (casa noturna)	éjjeli klub	[e:jjɛli klub]
cassino (m)	kaszinó	[kɒsino:]

mesquita (f)	mecset	[mɛtʃɛt]
sinagoga (f)	zsinagóga	[ʒinɒgo:gɒ]
catedral (f)	székesegyház	[se:kɛʃɛɟha:z]
templo (m)	templom	[tɛmplom]
igreja (f)	templom	[tɛmplom]

faculdade (f)	intézet	[inte:zɛt]
universidade (f)	egyetem	[ɛɟɛtɛm]
escola (f)	iskola	[iʃkolɒ]

prefeitura (f)	polgármesteri hivatal	[polga:rmɛʃtɛri hivɒtɒl]
câmara (f) municipal	városháza	[va:roʃha:zɒ]
hotel (m)	szálloda	[sa:llodɒ]
banco (m)	bank	[bɒŋk]

embaixada (f)	nagykövetség	[nɒckøvɛtʃ:e:g]
agência (f) de viagens	utazási iroda	[utɒza:ʃi irodɒ]
agência (f) de informações	tudakozóiroda	[tudɒkozo: irodɒ]
casa (f) de câmbio	pénzváltó	[pe:nzva:lto:]

| metrô (m) | metró | [mɛtro:] |
| hospital (m) | kórház | [ko:rha:z] |

| posto (m) de gasolina | benzinkút | [bɛnziŋku:t] |
| parque (m) de estacionamento | parkolóhely | [pɒrkolo:hɛj] |

30. Sinais

letreiro (m)	cégtábla	[tse:gta:blɒ]
aviso (m)	felirat	[fɛlirɒt]
cartaz, pôster (m)	plakát	[plɒka:t]
placa (f) de direção	útjelző	[u:tjɛlzø:]
seta (f)	nyíl	[ɲi:l]

aviso (advertência)	figyelmeztetés	[fiɟɛlmɛztɛte:ʃ]
sinal (m) de aviso	figyelmeztetés	[fiɟɛlmɛztɛte:ʃ]
avisar, advertir (vt)	figyelmeztet	[fiɟɛlmɛztɛt]

dia (m) de folga	szabadnap	[sɒbɒdnɒp]
horário (~ dos trens, etc.)	órarend	[o:rɒrɛnd]
horário (m)	nyitvatartási idő	[ɲitvɒtɒrta:ʃi idø:]

BEM-VINDOS!	ISTEN HOZTA!	[iʃtɛn hoztɒ]
ENTRADA	BEJÁRAT	[bɛja:rɒt]
SAÍDA	KIJÁRAT	[kija:rɒt]

| EMPURRE | TOLNI | [tolni] |
| PUXE | HÚZNI | [hu:zni] |

| ABERTO | NYITVA | [ɲitvɒ] |
| FECHADO | ZÁRVA | [zaːrvɒ] |

| MULHER | NŐI | [nøːi] |
| HOMEM | FÉRFI | [feːrfi] |

DESCONTOS	KIÁRUSÍTÁS	[kiaːruʃiːtaːʃ]
SALDOS, PROMOÇÃO	KEDVEZMÉNY	[kɛdvɛzmeːɲ]
NOVIDADE!	ÚJDONSÁG!	[uːjdonʃaːg]
GRÁTIS	INGYEN	[iɲɟɛn]

ATENÇÃO!	FIGYELEM!	[fiɟɛlɛm]
NÃO HÁ VAGAS	NINCS HELY	[nintʃ hɛj]
RESERVADO	FOGLALT	[foglɒlt]

| ADMINISTRAÇÃO | IGAZGATÁS | [igɒzgɒtaːʃ] |
| SOMENTE PESSOAL AUTORIZADO | SZEMÉLYZETI BEJÁRAT | [sɛmeːjzɛti bɛjaːrɒt] |

CUIDADO CÃO FEROZ	HARAPOS KUTYA	[hɒrɒpoʃ kucɒ]
PROIBIDO FUMAR!	DOHÁNYOZNI TILOS!	[dohaːnøzni tiloʃ]
NÃO TOCAR	NYÚJTANI TILOS!	[ɲuːjtɒni tiloʃ]

PERIGOSO	VESZÉLYES	[vɛseːjɛʃ]
PERIGO	VESZÉLY	[vɛseːj]
ALTA TENSÃO	MAGAS FESZÜLTSÉG	[mɒgɒʃ fɛsyltʃeːg]
PROIBIDO NADAR	FÜRDENI TILOS	[fyrdɛni tiloʃ]
COM DEFEITO	NEM MŰKÖDIK	[nɛm myːkødik]

INFLAMÁVEL	TŰZVESZÉLYES	[tyːzvɛseːjɛʃ]
PROIBIDO	TILOS	[tiloʃ]
ENTRADA PROIBIDA	TILOS AZ ÁTJÁRÁS	[tiloʃ ɒz aːtjaːraːʃ]
CUIDADO TINTA FRESCA	FESTETT	[fɛʃtɛtt]

31. Compras

comprar (vt)	vásárol	[vaːʃaːrol]
compra (f)	vásárolt holmi	[vaːʃaːrolt holmi]
fazer compras	vásárol	[vaːʃaːrol]
compras (f pl)	vásárlás	[vaːʃaːrlaːʃ]

| estar aberta (loja) | dolgozik | [dolgozik] |
| estar fechada | bezáródik | [bɛzaːroːdik] |

calçado (m)	cipő	[tsipøː]
roupa (f)	ruha	[ruhɒ]
cosméticos (m pl)	kozmetika	[kozmɛtikɒ]
alimentos (m pl)	élelmiszer	[eːlɛlmisɛr]
presente (m)	ajándék	[ɒjaːndeːk]

vendedor (m)	eladó	[ɛlɒdoː]
vendedora (f)	eladónő	[ɛlɒdoːnøː]
caixa (f)	pénztár	[peːnstaːr]
espelho (m)	tükör	[tykør]

41

balcão (m)	**pult**	[pult]
provador (m)	**próbafülke**	[proːbɒfylkɛ]
provar (vt)	**felpróbál**	[fɛlproːbaːl]
servir (roupa, caber)	**megfelel**	[mɛgfɛlɛl]
gostar (apreciar)	**tetszik**	[tɛtsik]
preço (m)	**ár**	[aːr]
etiqueta (f) de preço	**árcédula**	[aːrtseːdulɒ]
custar (vt)	**kerül**	[kɛryl]
Quanto?	**Mennyibe kerül?**	[mɛɲɲibɛ kɛryl]
desconto (m)	**kedvezmény**	[kɛdvɛzmeːɲ]
não caro (adj)	**olcsó**	[olʧoː]
barato (adj)	**olcsó**	[olʧoː]
caro (adj)	**drága**	[draːgɒ]
É caro	**Ez drága.**	[ɛz draːgɒ]
aluguel (m)	**kölcsönzés**	[kølʧønzeːʃ]
alugar (roupas, etc.)	**kölcsönöz**	[kølʧønøz]
crédito (m)	**hitel**	[hitɛl]
a crédito	**hitelbe**	[hitɛlbɛ]

VESTUÁRIO & ACESSÓRIOS

32. Roupa exterior. Casacos

roupa (f)	ruha	[ruhɒ]
roupa (f) exterior	felsőruha	[fɛlʃøːruhɒ]
roupa (f) de inverno	téli ruha	[teːli ruhɒ]
sobretudo (m)	kabát	[kɒbaːt]
casaco (m) de pele	bunda	[bundɒ]
jaqueta (f) de pele	bekecs	[bɛkɛtʃ]
casaco (m) acolchoado	pehelykabát	[pɛhɛj kɒbaːt]
casaco (m), jaqueta (f)	zeke	[zɛkɛ]
impermeável (m)	ballonkabát	[bɒllɒŋkɒbaːt]
a prova d'água	vízhatlan	[viːzhɒtlɒn]

33. Vestuário de homem & mulher

camisa (f)	ing	[iŋg]
calça (f)	nadrág	[nɒdraːg]
jeans (m)	farmernadrág	[fɒrmɛrnɒdraːg]
paletó, terno (m)	zakó	[zɒkoː]
terno (m)	kosztüm	[kostym]
vestido (ex. ~ de noiva)	ruha	[ruhɒ]
saia (f)	szoknya	[sokɲɒ]
blusa (f)	blúz	[bluːz]
casaco (m) de malha	kardigán	[kɒrdigaːn]
casaco, blazer (m)	blézer	[bleːzɛr]
camiseta (f)	trikó	[trikoː]
short (m)	rövidnadrág	[røvidnɒdraːg]
training (m)	sportruha	[ʃportruhɒ]
roupão (m) de banho	köntös	[køntøʃ]
pijama (m)	pizsama	[piʒɒmɒ]
suéter (m)	pulóver	[puloːvɛr]
pulôver (m)	pulóver	[puloːvɛr]
colete (m)	mellény	[mɛlleːɲ]
fraque (m)	frakk	[frɒkk]
smoking (m)	szmoking	[smokiŋg]
uniforme (m)	egyenruha	[ɛɟɛnruhɒ]
roupa (f) de trabalho	munkaruha	[muŋkɒruhɒ]
macacão (m)	kezeslábas	[kɛzɛʃlaːbɒʃ]
jaleco (m), bata (f)	köpeny	[køpɛɲ]

34. Vestuário. Roupa interior

roupa (f) íntima	fehérnemű	[fɛhe:rnɛmy:]
camiseta (f)	alsóing	[ɒlʃo:iŋg]
meias (f pl)	zokni	[zokni]
camisola (f)	hálóing	[ha:lo:iŋg]
sutiã (m)	melltartó	[mɛlltɒrto:]
meias longas (f pl)	térdzokni	[te:rdzokni]
meias-calças (f pl)	harisnya	[hɒriʃnɒ]
meias (~ de nylon)	harisnya	[hɒriʃnɒ]
maiô (m)	fürdőruha	[fyrdø:ruhɒ]

35. Adereços de cabeça

chapéu (m), touca (f)	sapka	[ʃɒpkɒ]
chapéu (m) de feltro	kalap	[kɒlɒp]
boné (m) de beisebol	baseball sapka	[bɛjsbɒll ʃɒpkɒ]
boina (~ italiana)	sport sapka	[ʃport ʃɒpkɒ]
boina (ex. ~ basca)	svájci sapka	[ʃva:jtsi ʃɒpkɒ]
capuz (m)	csuklya	[tʃukjɒ]
chapéu panamá (m)	panamakalap	[pɒnɒmɒ kɒlɒp]
touca (f)	kötött sapka	[køtøtt ʃɒpkɒ]
lenço (m)	kendő	[kɛndø:]
chapéu (m) feminino	női kalap	[nø:i kɒlɒp]
capacete (m) de proteção	sisak	[ʃiʃɒk]
bibico (m)	pilótasapka	[pilo:tɒ ʃɒpkɒ]
capacete (m)	sisak	[ʃiʃɒk]
chapéu-coco (m)	keménykalap	[kɛme:ɲkɒlɒp]

36. Calçado

calçado (m)	cipő	[tsipø:]
botinas (f pl), sapatos (m pl)	bakancs	[bɒkɒntʃ]
sapatos (de salto alto, etc.)	félcipő	[fe:ltsipø:]
botas (f pl)	csizma	[tʃizmɒ]
pantufas (f pl)	papucs	[pɒputʃ]
tênis (~ Nike, etc.)	edzőcipő	[ɛdzø:tsipø:]
tênis (~ Converse)	tornacipő	[tornɒtsipø:]
sandálias (f pl)	szandál	[sɒnda:l]
sapateiro (m)	cipész	[tsipe:s]
salto (m)	sarok	[ʃɒrok]
par (m)	pár	[pa:r]
cadarço (m)	cipőfűző	[tsipø:fy:zø:]
amarrar os cadarços	befűz	[bɛfy:z]

calçadeira (f)	cipőkanál	[tsipø:kɒna:l]
graxa (f) para calçado	cipőkrém	[tsipø:kre:m]

37. Acessórios pessoais

luva (f)	kesztyű	[kɛscy:]
mitenes (f pl)	egyujjas kesztyű	[ɛjujjɒʃ kɛscy:]
cachecol (m)	sál	[ʃa:l]
óculos (m pl)	szemüveg	[sɛmyvɛg]
armação (f)	keret	[kɛrɛt]
guarda-chuva (m)	esernyő	[ɛʃɛrɲø:]
bengala (f)	sétabot	[ʃe:tɒbot]
escova (f) para o cabelo	hajkefe	[hɒjkɛfɛ]
leque (m)	legyező	[lɛɟɛzø:]
gravata (f)	nyakkendő	[ɲɒkkɛndø:]
gravata-borboleta (f)	csokornyakkendő	[ʧokorɲɒkkɛndø:]
suspensórios (m pl)	nadrágtartó	[nɒdra:gtɒrto:]
lenço (m)	zsebkendő	[ʒɛbkɛndø:]
pente (m)	fésű	[fe:ʃy:]
fivela (f) para cabelo	hajcsat	[hɒjʧɒt]
grampo (m)	hajtű	[hɒjty:]
fivela (f)	csat	[ʧɒt]
cinto (m)	öv	[øv]
alça (f) de ombro	táskaszíj	[ta:ʃkɒsi:j]
bolsa (f)	táska	[ta:ʃkɒ]
bolsa (feminina)	kézitáska	[ke:zita:ʃkɒ]
mochila (f)	hátizsák	[ha:tiʒa:k]

38. Vestuário. Diversos

moda (f)	divat	[divɒt]
na moda (adj)	divatos	[divɒtoʃ]
estilista (m)	divattervező	[divɒt tɛrvɛzø:]
colarinho (m)	gallér	[gɒlle:r]
bolso (m)	zseb	[ʒɛb]
de bolso	zseb	[ʒɛb]
manga (f)	ruhaujj	[ruhɒujj]
ganchinho (m)	akasztó	[ɒkɒsto:]
bragueta (f)	slicc	[ʃlits]
zíper (m)	cipzár	[tsipza:r]
colchete (m)	kapocs	[kɒpoʧ]
botão (m)	gomb	[gomb]
botoeira (casa de botão)	gomblyuk	[gombjuk]
soltar-se (vr)	elszakad	[ɛlsɒkɒd]
costurar (vi)	varr	[vɒrr]

bordar (vt)	hímez	[hi:mɛz]
bordado (m)	hímzés	[hi:mze:ʃ]
agulha (f)	tű	[ty:]
fio, linha (f)	cérna	[tse:rnɒ]
costura (f)	varrás	[vɒrra:ʃ]

sujar-se (vr)	bepiszkolódik	[bɛpiskolo:dik]
mancha (f)	folt	[folt]
amarrotar-se (vr)	gyűrődik	[ɟy:rø:dik]
rasgar (vt)	megszakad	[mɛgsɒkɒd]
traça (f)	molylepke	[mojlɛpkɛ]

39. Cuidados pessoais. Cosméticos

pasta (f) de dente	fogkrém	[fogkre:m]
escova (f) de dente	fogkefe	[fokkɛfɛ]
escovar os dentes	fogat mos	[fogɒt moʃ]

gilete (f)	borotva	[borotvɒ]
creme (m) de barbear	borotvakrém	[borotvɒkre:m]
barbear-se (vr)	borotválkozik	[borotva:lkozik]

| sabonete (m) | szappan | [sɒppɒn] |
| xampu (m) | sampon | [ʃɒmpon] |

tesoura (f)	olló	[ollo:]
lixa (f) de unhas	körömreszelő	[kørømrɛsɛlø:]
corta-unhas (m)	körömvágó	[kørømva:go:]
pinça (f)	csipesz	[tʃipɛs]

cosméticos (m pl)	kozmetika	[kozmɛtikɒ]
máscara (f)	maszk	[mɒsk]
manicure (f)	manikűr	[mɒniky:r]
fazer as unhas	manikűrözik	[mɒniky:røzik]
pedicure (f)	pedikűr	[pɛdiky:r]

bolsa (f) de maquiagem	piperetáska	[pipɛrɛta:ʃkɒ]
pó (de arroz)	púder	[pu:dɛr]
pó (m) compacto	púderdoboz	[pu:dɛrdoboz]
blush (m)	arcpirosító	[ɒrtspiroʃi:to:]

perfume (m)	illatszer	[illɒtsɛr]
água-de-colônia (f)	parfüm	[pɒrfym]
loção (f)	arcápoló	[ɒrtsa:polo:]
colônia (f)	kölnivíz	[kølnivi:z]

sombra (f) de olhos	szemhéjfesték	[sɛmhe:jfɛʃte:k]
delineador (m)	szemceruza	[sɛmtsɛruzɒ]
máscara (f), rímel (m)	szempillafesték	[sɛmpillɒfɛʃte:k]

batom (m)	rúzs	[ru:ʒ]
esmalte (m)	körömlakk	[kørømlɒkk]
laquê (m), spray fixador (m)	hajrögzítő	[hɒjrøgzi:tø:]
desodorante (m)	dezodor	[dɛzodor]

creme (m)	krém	[kre:m]
creme (m) de rosto	arckrém	[ɒrtskre:m]
creme (m) de mãos	kézkrém	[ke:skre:m]
creme (m) antirrugas	ránc elleni krém	[ra:nts ɛllɛni kre:m]
de dia	nappali	[nɒppɒli]
da noite	éjjeli	[e:jjɛli]
absorvente (m) interno	tampon	[tɒmpon]
papel (m) higiênico	vécépapír	[ve:tse:pɒpi:r]
secador (m) de cabelo	hajszárító	[hɒjsa:ri:to:]

40. Relógios de pulso. Relógios

relógio (m) de pulso	karóra	[kɒro:rɒ]
mostrador (m)	számlap	[sa:mlɒp]
ponteiro (m)	mutató	[mutɒto:]
bracelete (em aço)	karkötő	[kɒrkøtø:]
bracelete (em couro)	óraszíj	[o:rɒsi:j]
pilha (f)	elem	[ɛlɛm]
acabar (vi)	lemerül	[lɛmɛryl]
trocar a pilha	kicseréli az elemet	[kitʃɛre:li ɒz ɛlɛmɛt]
estar adiantado	siet	[ʃiɛt]
estar atrasado	késik	[ke:ʃik]
relógio (m) de parede	fali óra	[fɒli o:rɒ]
ampulheta (f)	homokóra	[homoko:rɒ]
relógio (m) de sol	napóra	[nɒpo:rɒ]
despertador (m)	ébresztőóra	[e:brɛstø:o:rɒ]
relojoeiro (m)	órás	[o:ra:ʃ]
reparar (vt)	javít	[jɒvi:t]

EXPERIÊNCIA DO QUOTIDIANO

41. Dinheiro

dinheiro (m)	pénz	[pe:nz]
câmbio (m)	váltás	[va:lta:ʃ]
taxa (f) de câmbio	árfolyam	[a:rfojɒm]
caixa (m) eletrônico	bankautomata	[bɒŋk ɒutomɒtɒ]
moeda (f)	érme	[e:rmɛ]
dólar (m)	dollár	[dolla:r]
euro (m)	euró	[ɛuro:]
lira (f)	líra	[li:rɒ]
marco (m)	márka	[ma:rkɒ]
franco (m)	frank	[frɒŋk]
libra (f) esterlina	font sterling	[font stɛrliŋg]
iene (m)	jen	[jɛn]
dívida (f)	adósság	[ɒdo:ʃa:g]
devedor (m)	adós	[ɒdo:ʃ]
emprestar (vt)	kölcsönad	[kølʧønɒd]
pedir emprestado	kölcsönvesz	[kølʧønvɛs]
banco (m)	bank	[bɒŋk]
conta (f)	számla	[sa:mlɒ]
depositar na conta	számlára tesz	[sa:mla:rɒ tɛs]
sacar (vt)	számláról lehív	[sa:mla:ro:l lɛhi:v]
cartão (m) de crédito	hitelkártya	[hitɛlka:rɒ]
dinheiro (m) vivo	készpénz	[ke:spe:nz]
cheque (m)	csekk	[ʧɛkk]
passar um cheque	kiállít egy csekket	[kia:lli:t ɛɟ ʧɛkkɛt]
talão (m) de cheques	csekkkönyv	[ʧɛkkkøɲv]
carteira (f)	pénztárca	[pe:nsta:rtsɒ]
niqueleira (f)	pénztárca	[pe:nsta:rtsɒ]
cofre (m)	páncélszekrény	[pa:ntse:lsɛkre:ɲ]
herdeiro (m)	örökös	[ørøkøʃ]
herança (f)	örökség	[ørøkʃe:g]
fortuna (riqueza)	vagyon	[vɒɟøn]
arrendamento (m)	bérlet	[be:rlɛt]
aluguel (pagar o ~)	lakbér	[lɒkbe:r]
alugar (vt)	bérel	[be:rɛl]
preço (m)	ár	[a:r]
custo (m)	költség	[kølʧe:g]
soma (f)	összeg	[øssɛg]

gastar (vt)	költ	[kølt]
gastos (m pl)	kiadások	[kiɒdaːʃok]
economizar (vi)	takarékoskodik	[tɒkɒreːkoʃkodik]
econômico (adj)	takarékos	[tɒkɒreːkoʃ]

pagar (vt)	fizet	[fizɛt]
pagamento (m)	fizetés	[fizɛteːʃ]
troco (m)	visszajáró pénz	[vissɒjaːroː peːnz]

imposto (m)	adó	[ɒdoː]
multa (f)	büntetés	[bynteteːʃ]
multar (vt)	büntet	[byntɛt]

42. Correios. Serviço postal

agência (f) dos correios	posta	[poʃtɒ]
correio (m)	posta	[poʃtɒ]
carteiro (m)	postás	[poʃtaːʃ]
horário (m)	nyitvatartási idő	[ɲitvɒtɒrtaːʃi idøː]

carta (f)	levél	[lɛveːl]
carta (f) registada	ajánlott levél	[ɒjaːnlott lɛveːl]
cartão (m) postal	képeslap	[keːpɛʃlɒp]
telegrama (m)	távirat	[taːvirɒt]
encomenda (f)	csomag	[ʧomɒg]
transferência (f) de dinheiro	pénzátutalás	[peːnzaːtutɒlaːʃ]

receber (vt)	kap	[kɒp]
enviar (vt)	felad	[fɛlɒd]
envio (m)	feladás	[fɛlɒdaːʃ]

endereço (m)	cím	[tsiːm]
código (m) postal	irányítószám	[iraːɲiːtoːsaːm]
remetente (m)	feladó	[fɛlɒdoː]
destinatário (m)	címzett	[tsiːmzɛtt]

| nome (m) | név | [neːv] |
| sobrenome (m) | vezetéknév | [vɛzɛteːk neːv] |

tarifa (f)	tarifa	[tarifa]
ordinário (adj)	normál	[normaːl]
econômico (adj)	kedvezményes	[kɛdvɛzmeːɲɛʃ]

peso (m)	súly	[ʃuːj]
pesar (estabelecer o peso)	megmér	[mɛgmeːr]
envelope (m)	boríték	[boriːteːk]
selo (m) postal	márka	[maːrkɒ]

43. Banca

| banco (m) | bank | [bɒŋk] |
| balcão (f) | fiók | [fioːk] |

| consultor (m) bancário | tanácsadó | [tɒna:tʃɒdo:] |
| gerente (m) | vezető | [vɛzɛtø:] |

conta (f)	számla	[sa:mlɒ]
número (m) da conta	számlaszám	[sa:mlɒsa:m]
conta (f) corrente	folyószámla	[fojo:sa:mlɒ]
conta (f) poupança	megtakarítási számla	[mɛgtɒkɒrita:ʃi sa:mlɒ]

abrir uma conta	számlát nyit	[sa:mla:t nit]
fechar uma conta	zárolja a számlát	[za:rojɒ ɒ sa:mla:t]
depositar na conta	számlára tesz	[sa:mla:rɒ tɛs]
sacar (vt)	számláról lehív	[sa:mla:ro:l lɛhi:v]

depósito (m)	betét	[bɛtɛ:t]
fazer um depósito	pénzt betesz	[pe:nst bɛtɛs]
transferência (f) bancária	átutalás	[a:tutɒla:ʃ]
transferir (vt)	pénzt átutal	[pe:nst a:tutɒl]

| soma (f) | összeg | [øssɛg] |
| Quanto? | Mennyi? | [mɛnɲi] |

| assinatura (f) | aláírás | [ɒla:i:ra:ʃ] |
| assinar (vt) | aláír | [ɒla:i:r] |

cartão (m) de crédito	hitelkártya	[hitɛlka:rcɒ]
senha (f)	kód	[ko:d]
número (m) do cartão de crédito	hitelkártya száma	[hitɛlka:rcɒ sa:mɒ]
caixa (m) eletrônico	bankautomata	[bɒŋk ɒutomɒtɒ]

cheque (m)	csekk	[ʧɛkk]
passar um cheque	kiállítja a csekket	[kia:lli:cɒ ɒ ʧɛkkɛt]
talão (m) de cheques	csekkkönyv	[ʧɛkkkøɲv]

empréstimo (m)	hitel	[hitɛl]
pedir um empréstimo	hitelért fordul	[hitɛle:rt fordul]
obter empréstimo	hitelt felvesz	[hitɛlt fɛlvɛs]
dar um empréstimo	hitelt nyújt	[hitɛlt nju:jt]
garantia (f)	biztosíték	[bistoʃi:te:k]

44. Telefone. Conversação telefônica

telefone (m)	telefon	[tɛlɛfon]
celular (m)	mobiltelefon	[mobiltɛlɛfon]
secretária (f) eletrônica	üzenetrögzítő	[yzɛnɛt røgzi:tø:]

| fazer uma chamada | felhív | [fɛlhi:v] |
| chamada (f) | felhívás | [fɛlhi:va:ʃ] |

discar um número	telefonszámot tárcsáz	[tɛlɛfonsa:mot ta:rʧa:z]
Alô!	Halló!	[hɒllo:]
perguntar (vt)	kérdez	[ke:rdɛz]
responder (vt)	válaszol	[va:lɒsol]
ouvir (vt)	hall	[hɒll]

bem	jól	[jo:l]
mal	rosszul	[rossul]
ruído (m)	zavar	[zɒvɒr]

fone (m)	kagyló	[kɒɟlo:]
pegar o telefone	kagylót felvesz	[kɒɟlo:t fɛlvɛs]
desligar (vi)	kagylót letesz	[kɒɟlo:t lɛtɛs]

ocupado (adj)	foglalt	[foglɒlt]
tocar (vi)	csörög	[tʃørøg]
lista (f) telefônica	telefonkönyv	[tɛlɛfoŋkøɲv]

local (adj)	helyi	[hɛji]
de longa distância	interurbán	[intɛrurba:n]
internacional (adj)	nemzetközi	[nɛmzɛtkøzi]

45. Telefone móvel

celular (m)	mobiltelefon	[mobiltɛlɛfon]
tela (f)	kijelző	[kijɛlzø:]
botão (m)	gomb	[gomb]
cartão SIM (m)	SIM kártya	[sim ka:rcɒ]

bateria (f)	akkumulátor	[ɒkkumula:tor]
descarregar-se (vr)	kisül	[kiʃyl]
carregador (m)	telefontöltő	[tɛlɛfon tøltø:]

menu (m)	menü	[mɛny]
configurações (f pl)	beállítások	[bɛa:lli:ta:ʃok]
melodia (f)	dallam	[dɒllɒm]
escolher (vt)	választ	[va:lɒst]

calculadora (f)	kalkulátor	[kɒlkula:tor]
correio (m) de voz	üzenetrögzítő	[yzɛnɛt røgzi:tø:]
despertador (m)	ébresztőóra	[e:brɛstø:o:rɒ]
contatos (m pl)	telefonkönyv	[tɛlɛfoŋkøɲv]

| mensagem (f) de texto | SMS | [ɛʃɛmɛʃ] |
| assinante (m) | előfizető | [ɛlø:fizɛtø:] |

46. Estacionário

| caneta (f) | golyóstoll | [gojo:ʃtoll] |
| caneta (f) tinteiro | töltőtoll | [tøltø:toll] |

lápis (m)	ceruza	[tsɛruzɒ]
marcador (m) de texto	filctoll	[filtstoll]
caneta (f) hidrográfica	filctoll	[filtstoll]

bloco (m) de notas	notesz	[notɛs]
agenda (f)	határidőnapló	[hɒta:ridø:nɒplo:]
régua (f)	vonalzó	[vonɒlzo:]

calculadora (f)	kalkulátor	[kɒlkulaːtor]
borracha (f)	radír	[rɒdiːr]
alfinete (m)	rajzszeg	[rɒjzsɛg]
clipe (m)	gémkapocs	[geːmkɒpotʃ]

cola (f)	ragasztó	[rɒgɒstoː]
grampeador (m)	tűzőgép	[tyːzøːgeːp]
furador (m) de papel	lyukasztó	[jukɒstoː]
apontador (m)	ceruzahegyező	[tsɛruzɒhɛɟɛzøː]

47. Línguas estrangeiras

língua (f)	nyelv	[ɲɛlv]
língua (f) estrangeira	idegen nyelv	[idɛgɛn ɲɛlv]
estudar (vt)	tanul	[tɒnul]
aprender (vt)	tanul	[tɒnul]

ler (vt)	olvas	[olvɒʃ]
falar (vi)	beszél	[bɛseːl]
entender (vt)	ért	[eːrt]
escrever (vt)	ír	[iːr]

rapidamente	gyorsan	[ɟørʃɒn]
devagar, lentamente	lassan	[lɒʃɒn]
fluentemente	folyékonyan	[fojeːkoɲɒn]

regras (f pl)	szabályok	[sɒbaːjok]
gramática (f)	nyelvtan	[ɲɛlvtɒn]
vocabulário (m)	szókincs	[soːkintʃ]
fonética (f)	hangtan	[hɒŋgtɒn]

livro (m) didático	tankönyv	[tɒŋkønv]
dicionário (m)	szótár	[soːtaːr]
manual (m) autodidático	önálló tanulásra szolgáló könyv	[ønaːlloː tɒnulaːʃrɒ solgaːloː kønv]
guia (m) de conversação	társalgási nyelvkönyv	[taːrʃɒlgaːʃi nɛlvkøɲv]

fita (f) cassete	kazetta	[kɒzɛttɒ]
videoteipe (m)	videokazetta	[fidɛokɒzɛttɒ]
CD (m)	CDlemez	[tsɛdɛlɛmɛz]
DVD (m)	DVDlemez	[dɛvɛdɛlɛmɛz]

alfabeto (m)	ábécé	[aːbeːtseː]
soletrar (vt)	betűz	[bɛtyːz]
pronúncia (f)	kiejtés	[kiɛjteːʃ]

sotaque (m)	akcentus	[ɒktsɛntuʃ]
com sotaque	akcentussal	[ɒktsɛntuʃɒl]
sem sotaque	akcentus nélkül	[ɒktsɛntuʃ neːlkyl]

palavra (f)	szó	[soː]
sentido (m)	értelem	[eːrtɛlɛm]
curso (m)	tanfolyam	[tɒnfojɒm]
inscrever-se (vr)	jelentkezik	[jɛlɛntkɛzik]

professor (m)	**tanár**	[tɒnaːr]
tradução (processo)	**fordítás**	[fordiːtaːʃ]
tradução (texto)	**fordítás**	[fordiːtaːʃ]
tradutor (m)	**fordító**	[fordiːtoː]
intérprete (m)	**tolmács**	[tolmaːtʃ]
poliglota (m)	**poliglott**	[poliglott]
memória (f)	**emlékezet**	[ɛmleːkɛzɛt]

REFEIÇÕES. RESTAURANTE

48. Por a mesa

colher (f)	kanál	[kɒnaːl]
faca (f)	kés	[keːʃ]
garfo (m)	villa	[villɒ]
xícara (f)	csésze	[ʧeːsɛ]
prato (m)	tányér	[taːneːr]
pires (m)	csészealj	[ʧeːsɛɒj]
guardanapo (m)	szalvéta	[sɒlveːtɒ]
palito (m)	fogpiszkáló	[fokpiskaːloː]

49. Restaurante

restaurante (m)	étterem	[eːttɛrɛm]
cafeteria (f)	kávézó	[kaːveːzoː]
bar (m), cervejaria (f)	bár	[baːr]
salão (m) de chá	tea szalon	[tɛɒ sɒlon]
garçom (m)	pincér	[pintseːr]
garçonete (f)	pincérnő	[pintseːrnøː]
barman (m)	bármixer	[baːrmiksɛr]
cardápio (m)	étlap	[eːtlɒp]
lista (f) de vinhos	borlap	[borlɒp]
reservar uma mesa	asztalt foglal	[ɒstɒlt foglɒl]
prato (m)	étel	[eːtɛl]
pedir (vt)	rendel	[rɛndɛl]
fazer o pedido	rendel	[rɛndɛl]
aperitivo (m)	aperitif	[ɒpɛritif]
entrada (f)	előétel	[ɛløːeːtɛl]
sobremesa (f)	desszert	[dɛssɛrt]
conta (f)	számla	[saːmlɒ]
pagar a conta	számlát fizet	[saːmlaːt fizɛt]
dar o troco	visszajáró pénzt ad	[vissɒjaːroː peːnzt ɒd]
gorjeta (f)	borravaló	[borrɒvɒloː]

50. Refeições

comida (f)	étel	[eːtɛl]
comer (vt)	eszik	[ɛsik]

café (m) da manhã	reggeli	[rɛggɛli]
tomar café da manhã	reggelizik	[rɛggɛlizik]
almoço (m)	ebéd	[ɛbe:d]
almoçar (vi)	ebédel	[ɛbe:dɛl]
jantar (m)	vacsora	[vɒtʃorɒ]
jantar (vi)	vacsorázik	[vɒtʃora:zik]

apetite (m)	étvágy	[e:tva:ɟ]
Bom apetite!	Jó étvágyat!	[jo: e:tva:ɟot]

abrir (~ uma lata, etc.)	nyit	[ɲit]
derramar (~ líquido)	kiönt	[kiønt]
derramar-se (vr)	kiömlik	[kiømlik]

ferver (vi)	forr	[forr]
ferver (vt)	forral	[forrɒl]
fervido (adj)	forralt	[forrɒlt]
esfriar (vt)	lehűt	[lɛhy:t]
esfriar-se (vr)	lehűl	[lɛhy:l]

sabor, gosto (m)	íz	[i:z]
fim (m) de boca	utóíz	[uto:i:z]

emagrecer (vi)	lefogy	[lɛfoɟ]
dieta (f)	diéta	[die:tɒ]
vitamina (f)	vitamin	[vitɒmin]
caloria (f)	kalória	[kɒlo:riɒ]
vegetariano (m)	vegetáriánus	[vɛgɛta:ria:nuʃ]
vegetariano (adj)	vegetáriánus	[vɛgɛta:ria:nuʃ]

gorduras (f pl)	zsír	[ʒi:r]
proteínas (f pl)	fehérje	[fɛhe:rjɛ]
carboidratos (m pl)	szénhidrát	[se:nhidra:t]
fatia (~ de limão, etc.)	szelet	[sɛlɛt]
pedaço (~ de bolo)	szelet	[sɛlɛt]
migalha (f), farelo (m)	morzsa	[morʒɒ]

51. Pratos cozinhados

prato (m)	étel	[e:tɛl]
cozinha (~ portuguesa)	konyha	[koɲhɒ]
receita (f)	recept	[rɛtsɛpt]
porção (f)	adag	[ɒdɒg]

salada (f)	saláta	[ʃɒla:tɒ]
sopa (f)	leves	[lɛvɛʃ]

caldo (m)	erőleves	[ɛrø:lɛvɛʃ]
sanduíche (m)	szendvics	[sɛndvitʃ]
ovos (m pl) fritos	tojásrántotta	[toja:ʃra:ntottɒ]

hambúrguer (m)	hamburger	[hɒmburgɛr]
bife (m)	bifsztek	[bifstɛk]
acompanhamento (m)	köret	[kørɛt]

espaguete (m)	spagetti	[ʃpɒgɛtti]
purê (m) de batata	burgonyapüré	[burgoɲɒpyre:]
pizza (f)	pizza	[pitsɒ]
mingau (m)	kása	[ka:ʃɒ]
omelete (f)	tojáslepény	[toja:ʃlɛpe:ɲ]

fervido (adj)	főtt	[fø:tt]
defumado (adj)	füstölt	[fyʃtølt]
frito (adj)	sült	[ʃylt]
seco (adj)	aszalt	[ɒsɒlt]
congelado (adj)	fagyasztott	[fɒɟostott]
em conserva (adj)	ecetben eltett	[ɛtsɛtbɛn ɛltɛtt]

doce (adj)	édes	[e:dɛʃ]
salgado (adj)	sós	[ʃo:ʃ]
frio (adj)	hideg	[hidɛg]
quente (adj)	meleg	[mɛlɛg]
amargo (adj)	keserű	[kɛʃɛry:]
gostoso (adj)	finom	[finom]

cozinhar em água fervente	főz	[fø:z]
preparar (vt)	készít	[ke:si:t]
fritar (vt)	süt	[ʃyt]
aquecer (vt)	melegít	[mɛlɛgi:t]

salgar (vt)	sóz	[ʃo:z]
apimentar (vt)	borsoz	[borʃoz]
ralar (vt)	reszel	[rɛsɛl]
casca (f)	héj	[he:j]
descascar (vt)	hámoz	[ha:moz]

52. Comida

carne (f)	hús	[hu:ʃ]
galinha (f)	csirke	[tʃirkɛ]
frango (m)	csirke	[tʃirkɛ]
pato (m)	kacsa	[kɒtʃɒ]
ganso (m)	liba	[libɒ]
caça (f)	vadhús	[vɒdhu:ʃ]
peru (m)	pulyka	[pujkɒ]

carne (f) de porco	sertés	[ʃɛrte:ʃ]
carne (f) de vitela	borjúhús	[borju:hu:ʃ]
carne (f) de carneiro	birkahús	[birkɒhu:ʃ]
carne (f) de vaca	marhahús	[mɒrhɒhu:ʃ]
carne (f) de coelho	nyúl	[ɲu:l]

linguiça (f), salsichão (m)	kolbász	[kolba:s]
salsicha (f)	virsli	[virʃli]
bacon (m)	húsos szalonna	[hu:ʃoʃ sɒlonnɒ]
presunto (m)	sonka	[ʃoŋkɒ]
pernil (m) de porco	sonka	[ʃoŋkɒ]
patê (m)	pástétom	[pa:ʃte:tom]
fígado (m)	máj	[ma:j]

guisado (m)	darált hús	[dɒraːlt huːʃ]
língua (f)	nyelv	[ɲɛlv]
ovo (m)	tojás	[tojaːʃ]
ovos (m pl)	tojások	[tojaːʃok]
clara (f) de ovo	tojásfehérje	[tojaːʃfɛheːrjɛ]
gema (f) de ovo	tojássárgája	[tojaːʃaːrgaːjɒ]
peixe (m)	hal	[hɒl]
mariscos (m pl)	tenger gyümölcsei	[tɛŋɡɛr ɟymølt͡ʃɛi]
caviar (m)	halikra	[hɒlikrɒ]
caranguejo (m)	tarisznyarák	[tɒrisɲɒraːk]
camarão (m)	garnélarák	[gɒrneːlɒraːk]
ostra (f)	osztriga	[ostrigɒ]
lagosta (f)	languszta	[lɒŋgustɒ]
polvo (m)	nyolckarú polip	[ɲoltskɒruː polip]
lula (f)	kalmár	[kɒlmaːr]
esturjão (m)	tokhal	[tokhɒl]
salmão (m)	lazac	[lɒzɒts]
halibute (m)	óriás laposhal	[oːriaːʃ lɒpoʃhɒl]
bacalhau (m)	tőkehal	[tøːkɛhɒl]
cavala, sarda (f)	makréla	[mɒkreːlɒ]
atum (m)	tonhal	[tonhɒl]
enguia (f)	angolna	[ɒŋgolnɒ]
truta (f)	pisztráng	[pistraːŋg]
sardinha (f)	szardínia	[sɒrdiːniɒ]
lúcio (m)	csuka	[t͡ʃukɒ]
arenque (m)	hering	[hɛriŋg]
pão (m)	kenyér	[kɛneːr]
queijo (m)	sajt	[ʃɒjt]
açúcar (m)	cukor	[tsukor]
sal (m)	só	[ʃoː]
arroz (m)	rizs	[riʒ]
massas (f pl)	makaróni	[mɒkɒroːni]
talharim, miojo (m)	metélttészta	[mɛteːltteːstɒ]
manteiga (f)	vaj	[vɒj]
óleo (m) vegetal	olaj	[olɒj]
óleo (m) de girassol	napraforgóolaj	[nɒprɒforgoːolɒj]
margarina (f)	margarin	[mɒrgɒrin]
azeitonas (f pl)	olajbogyó	[olɒjboɟøː]
azeite (m)	olívaolaj	[oliːvɒ olɒj]
leite (m)	tej	[tɛj]
leite (m) condensado	sűrített tej	[ʃyːriːtɛtt tɛj]
iogurte (m)	joghurt	[jogurt]
creme (m) azedo	tejföl	[tɛjføl]
creme (m) de leite	tejszín	[tɛjsiːn]
maionese (f)	majonéz	[mɒjoneːz]

creme (m)	**krém**	[kre:m]
grãos (m pl) de cereais	**dara**	[dɒrɒ]
farinha (f)	**liszt**	[list]
enlatados (m pl)	**konzerv**	[konzɛrv]

flocos (m pl) de milho	**kukoricapehely**	[kukoritsɒpɛhɛj]
mel (m)	**méz**	[me:z]
geleia (m)	**dzsem**	[dʒɛm]
chiclete (m)	**rágógumi**	[ra:go:gumi]

53. Bebidas

água (f)	**víz**	[vi:z]
água (f) potável	**ivóvíz**	[ivo:vi:z]
água (f) mineral	**ásványvíz**	[a:ʃva:ɲvi:z]

sem gás (adj)	**szóda nélkül**	[so:dɒ ne:lkyl]
gaseificada (adj)	**szóda**	[so:dɒ]
com gás	**szóda**	[so:dɒ]
gelo (m)	**jég**	[je:g]
com gelo	**jeges**	[jɛgɛʃ]

não alcoólico (adj)	**alkoholmentes**	[ɒlkoholmɛntɛʃ]
refrigerante (m)	**alkoholmentes ital**	[ɒlkoholmɛntɛʃ itɒl]
refresco (m)	**üdítő**	[y:di:tø:]
limonada (f)	**limonádé**	[limona:de:]

bebidas (f pl) alcoólicas	**szeszesitalok**	[sɛsɛʃ itɒlok]
vinho (m)	**bor**	[bor]
vinho (m) branco	**fehérbor**	[fɛhe:rbor]
vinho (m) tinto	**vörösbor**	[vørøʃbor]

licor (m)	**likőr**	[likø:r]
champanhe (m)	**pezsgő**	[pɛʒgø:]
vermute (m)	**vermut**	[vɛrmut]

uísque (m)	**whisky**	[viski]
vodca (f)	**vodka**	[vodkɒ]
gim (m)	**gin**	[dʒin]
conhaque (m)	**konyak**	[koɲɒk]
rum (m)	**rum**	[rum]

café (m)	**kávé**	[ka:ve:]
café (m) preto	**feketekávé**	[fɛkɛtɛ ka:ve:]
café (m) com leite	**tejeskávé**	[tɛjɛʃka:ve:]
cappuccino (m)	**tejszínes kávé**	[tɛjsi:nɛʃ ka:ve:]
café (m) solúvel	**neszkávé**	[nɛska:ve:]

leite (m)	**tej**	[tɛj]
coquetel (m)	**koktél**	[kokte:l]
batida (f), milkshake (m)	**tejkoktél**	[tɛjkokte:l]

suco (m)	**lé**	[le:]
suco (m) de tomate	**paradicsomlé**	[pɒrɒditʃomle:]

| suco (m) de laranja | narancslé | [nɒrɒntʃle:] |
| suco (m) fresco | frissen kifacsart lé | [friʃɛn kifɒtʃɒrt le:] |

cerveja (f)	sör	[ʃør]
cerveja (f) clara	világos sör	[vila:goʃʃør]
cerveja (f) preta	barna sör	[bɒrnɒ ʃør]

chá (m)	tea	[tɛɒ]
chá (m) preto	feketetea	[fɛkɛtɛ tɛɒ]
chá (m) verde	zöldtea	[zølt tɛɒ]

54. Vegetais

| vegetais (m pl) | zöldségek | [zøldʃe:gɛk] |
| verdura (f) | zöldség | [zøldʃe:g] |

tomate (m)	paradicsom	[pɒrɒditʃom]
pepino (m)	uborka	[uborkɒ]
cenoura (f)	sárgarépa	[ʃa:rgɒre:pɒ]
batata (f)	krumpli	[krumpli]
cebola (f)	hagyma	[hɒɟmɒ]
alho (m)	fokhagyma	[fokhɒɟmɒ]

couve (f)	káposzta	[ka:postɒ]
couve-flor (f)	karfiol	[kɒrfiol]
couve-de-bruxelas (f)	kelbimbó	[kɛlbimbo:]
brócolis (m pl)	brokkoli	[brokkoli]
beterraba (f)	cékla	[tse:klɒ]
berinjela (f)	padlizsán	[pɒdliʒa:n]
abobrinha (f)	cukkini	[tsukkini]
abóbora (f)	tök	[tøk]
nabo (m)	répa	[re:pɒ]

salsa (f)	petrezselyem	[pɛtrɛʒɛjɛm]
endro, aneto (m)	kapor	[kɒpor]
alface (f)	saláta	[ʃɒla:tɒ]
aipo (m)	zeller	[zɛllɛr]
aspargo (m)	spárga	[ʃpa:rgɒ]
espinafre (m)	spenót	[ʃpɛno:t]
ervilha (f)	borsó	[borʃo:]
feijão (~ soja, etc.)	bab	[bɒb]
milho (m)	kukorica	[kukoritsɒ]
feijão (m) roxo	bab	[bɒb]

pimentão (m)	paprika	[pɒprikɒ]
rabanete (m)	hónapos retek	[ho:nɒpoʃ rɛtɛk]
alcachofra (f)	articsóka	[ɒrtitʃo:kɒ]

55. Frutos. Nozes

| fruta (f) | gyümölcs | [ɟymøltʃ] |
| maçã (f) | alma | [ɒlmɒ] |

pera (f)	körte	[kørtɛ]
limão (m)	citrom	[tsitrom]
laranja (f)	narancs	[nɒrɒntʃ]
morango (m)	eper	[ɛpɛr]

tangerina (f)	mandarin	[mɒndɒrin]
ameixa (f)	szilva	[silvɒ]
pêssego (m)	őszibarack	[ø:sibɒrɒtsk]
damasco (m)	sárgabarack	[ʃa:rgɒbɒrɒtsk]
framboesa (f)	málna	[ma:lnɒ]
abacaxi (m)	ananász	[ɒnɒna:s]

banana (f)	banán	[bɒna:n]
melancia (f)	görögdinnye	[gørøgdiɲɛ]
uva (f)	szőlő	[sø:lø:]
ginja (f)	meggy	[mɛdɟ]
cereja (f)	cseresznye	[tʃɛrɛsnɛ]
melão (m)	dinnye	[diɲɛ]

toranja (f)	citrancs	[tsitrɒntʃ]
abacate (m)	avokádó	[ɒvoka:do:]
mamão (m)	papaya	[pɒpɒjɒ]
manga (f)	mangó	[mɒŋgo:]
romã (f)	gránátalma	[gra:na:tɒlmɒ]

groselha (f) vermelha	pirosribizli	[piroʃribizli]
groselha (f) negra	feketeribizli	[fɛkɛtɛ ribizli]
groselha (f) espinhosa	egres	[ɛgrɛʃ]
mirtilo (m)	fekete áfonya	[fɛkɛtɛ a:foɲɒ]
amora (f) silvestre	szeder	[sɛdɛr]

passa (f)	mazsola	[mɒʒolɒ]
figo (m)	füge	[fygɛ]
tâmara (f)	datolya	[dɒtojɒ]

amendoim (m)	földimogyoró	[føldimoɟøro:]
amêndoa (f)	mandula	[mɒndulɒ]
noz (f)	dió	[dio:]
avelã (f)	mogyoró	[moɟøro:]
coco (m)	kókuszdió	[ko:kusdio:]
pistaches (m pl)	pisztácia	[pista:tsiɒ]

56. Pão. Bolaria

pastelaria (f)	édesipari áruk	[e:dɛʃipɒri a:ruk]
pão (m)	kenyér	[kɛne:r]
biscoito (m), bolacha (f)	sütemény	[ʃytɛme:ɲ]

chocolate (m)	csokoládé	[tʃokola:de:]
de chocolate	csokoládé	[tʃokola:de:]
bala (f)	cukorka	[tsukorkɒ]
doce (bolo pequeno)	torta	[tortɒ]
bolo (m) de aniversário	torta	[tortɒ]
torta (f)	töltött lepény	[tøltøtt lɛpe:ɲ]

recheio (m)	töltelék	[tøltɛle:k]
geleia (m)	lekvár	[lɛkva:r]
marmelada (f)	gyümölcszselé	[ɟymølʧ ʒɛle:]
wafers (m pl)	ostya	[oʃcɒ]
sorvete (m)	fagylalt	[fɒɟlɒlt]

57. Especiarias

sal (m)	só	[ʃo:]
salgado (adj)	sós	[ʃo:ʃ]
salgar (vt)	sóz	[ʃo:z]

pimenta-do-reino (f)	feketebors	[fɛkɛtɛ borʃ]
pimenta (f) vermelha	pirospaprika	[piroʃpɒprikɒ]
mostarda (f)	mustár	[muʃta:r]
raiz-forte (f)	torma	[tormɒ]

condimento (m)	fűszer	[fy:sɛr]
especiaria (f)	fűszer	[fy:sɛr]
molho (~ inglês)	szósz	[so:s]
vinagre (m)	ecet	[ɛtsɛt]

anis estrelado (m)	ánizs	[a:nis]
manjericão (m)	bazsalikom	[bɒʒɒlikom]
cravo (m)	szegfű	[sɛgfy:]
gengibre (m)	gyömbér	[ɟømbe:r]
coentro (m)	koriander	[koriɒndɛr]
canela (f)	fahéj	[fɒhe:j]

gergelim (m)	szezámmag	[sɛza:mmɒg]
folha (f) de louro	babérlevél	[bɒbe:rlɛve:l]
páprica (f)	paprika	[pɒprikɒ]
cominho (m)	kömény	[køme:ɲ]
açafrão (m)	sáfrány	[ʃa:fra:ɲ]

INFORMAÇÃO PESSOAL. FAMÍLIA

58. Informação pessoal. Formulários

nome (m)	név	[ne:v]
sobrenome (m)	vezetéknév	[vɛzɛte:k ne:v]
data (f) de nascimento	születési dátum	[sylɛte:ʃi da:tum]
local (m) de nascimento	születési hely	[sylɛte:ʃi hɛj]
nacionalidade (f)	nemzetiség	[nɛmzɛtiʃe:g]
lugar (m) de residência	lakcím	[lɒktsi:m]
país (m)	ország	[orsa:g]
profissão (f)	foglalkozás	[foglɒlkoza:ʃ]
sexo (m)	nem	[nɛm]
estatura (f)	magasság	[mɒgɒʃa:g]
peso (m)	súly	[ʃu:j]

59. Membros da família. Parentes

mãe (f)	anya	[ɒɲɒ]
pai (m)	apa	[ɒpɒ]
filho (m)	fiú	[fiu:]
filha (f)	lány	[la:ɲ]
caçula (f)	fiatalabb lány	[fiɒtɒlɒbb la:ɲ]
caçula (m)	fiatalabb fiú	[fiɒtɒlɒbb fiu:]
filha (f) mais velha	idősebb lány	[idø:ʃɛbb la:ɲ]
filho (m) mais velho	idősebb fiú	[idø:ʃɛbb fiu:]
irmão (m) mais velho	báty	[ba:c]
irmão (m) mais novo	öcs	[øtʃ]
irmã (f) mais velha	nővér	[nø:ve:r]
irmã (f) mais nova	húg	[hu:g]
primo (m)	unokabáty	[unokɒ ba:c]
prima (f)	unokanővér	[unokɒ nø:ve:r]
mamãe (f)	anya	[ɒɲɒ]
papai (m)	apa	[ɒpɒ]
pais (pl)	szülők	[sylø:k]
criança (f)	gyerek	[ɟɛrɛk]
crianças (f pl)	gyerekek	[ɟɛrɛkɛk]
avó (f)	nagyanya	[nɒɟɒɲɒ]
avô (m)	nagyapa	[nɒɟɒpɒ]
neto (m)	unoka	[unokɒ]
neta (f)	unoka	[unokɒ]
netos (pl)	unokák	[unoka:k]

tio (m)	bácsi	[baːʧi]
tia (f)	néni	[neːni]
sobrinho (m)	unokaöcs	[unokɒøtʃ]
sobrinha (f)	unokahúg	[unokɒhuːg]

sogra (f)	anyós	[ɒɲøːʃ]
sogro (m)	após	[ɒpoːʃ]
genro (m)	vő	[vøː]
madrasta (f)	mostohaanya	[moʃtohɒɒɲɒ]
padrasto (m)	mostohaapa	[moʃtohɒɒpɒ]

criança (f) de colo	csecsemő	[ʧɛʧɛmøː]
bebê (m)	csecsemő	[ʧɛʧɛmøː]
menino (m)	kisgyermek	[kiɟɛrmɛk]

mulher (f)	feleség	[fɛlɛʃeːg]
marido (m)	férj	[feːrj]
esposo (m)	házastárs	[haːzɒʃtaːrʃ]
esposa (f)	hitves	[hitvɛʃ]

casado (adj)	nős	[nøːʃ]
casada (adj)	férjnél	[feːrjneːl]
solteiro (adj)	nőtlen	[nøːtlɛn]
solteirão (m)	nőtlen ember	[nøːtlɛn ɛmbɛr]
divorciado (adj)	elvált	[ɛlvaːlt]
viúva (f)	özvegy	[øzvɛɟ]
viúvo (m)	özvegy	[øzvɛɟ]

parente (m)	rokon	[rokon]
parente (m) próximo	közeli rokon	[køzɛli rokon]
parente (m) distante	távoli rokon	[taːvoli rokon]
parentes (m pl)	rokonok	[rokonok]

órfão (m), órfã (f)	árva	[aːrvɒ]
tutor (m)	gyám	[ɟaːm]
adotar (um filho)	örökbe fogad	[ørøkbɛ fogɒd]
adotar (uma filha)	örökbe fogad	[ørøkbɛ fogɒd]

60. Amigos. Colegas de trabalho

amigo (m)	barát	[bɒraːt]
amiga (f)	barátnő	[bɒraːtnøː]
amizade (f)	barátság	[bɒraːtʃaːg]
ser amigos	barátkozik	[bɒraːtkozik]

amigo (m)	barát	[bɒraːt]
amiga (f)	barátnő	[bɒraːtnøː]
parceiro (m)	partner	[pɒrtnɛr]

chefe (m)	főnök	[føːnøk]
superior (m)	főnök	[føːnøk]
subordinado (m)	alárendelt	[ɒlaːrɛndɛlt]
colega (m, f)	kolléga	[kolleːgɒ]
conhecido (m)	ismerős	[iʃmɛrøːʃ]

companheiro (m) de viagem	**útitárs**	[uːtitaːrʃ]
colega (m) de classe	**osztálytárs**	[ostaːjtaːrʃ]
vizinho (m)	**szomszéd**	[somseːd]
vizinha (f)	**szomszéd**	[somseːd]
vizinhos (pl)	**szomszédok**	[somseːdok]

CORPO HUMANO. MEDICINA

61. Cabeça

cabeça (f)	fej	[fɛj]
rosto, cara (f)	arc	[ɒrts]
nariz (m)	orr	[orr]
boca (f)	száj	[saːj]
olho (m)	szem	[sɛm]
olhos (m pl)	szem	[sɛm]
pupila (f)	pupilla	[pupillɒ]
sobrancelha (f)	szemöldök	[sɛmøldøk]
cílio (f)	szempilla	[sɛmpillɒ]
pálpebra (f)	szemhéj	[sɛmheːj]
língua (f)	nyelv	[ɲɛlv]
dente (m)	fog	[fog]
lábios (m pl)	ajak	[ɒjɒk]
maçãs (f pl) do rosto	pofacsont	[pofɒtʃont]
gengiva (f)	íny	[iːɲ]
palato (m)	szájpadlás	[saːjpɒdlaːʃ]
narinas (f pl)	orrlyuk	[orrjuk]
queixo (m)	áll	[aːll]
mandíbula (f)	állkapocs	[aːllkɒpotʃ]
bochecha (f)	orca	[ortsɒ]
testa (f)	homlok	[homlok]
têmpora (f)	halánték	[hɒlaːnteːk]
orelha (f)	fül	[fyl]
costas (f pl) da cabeça	tarkó	[torkoː]
pescoço (m)	nyak	[ɲɒk]
garganta (f)	torok	[torok]
cabelo (m)	haj	[hɒj]
penteado (m)	frizura	[frizurɒ]
corte (m) de cabelo	hajvágás	[hɒjvaːgaːʃ]
peruca (f)	paróka	[pɒroːkɒ]
bigode (m)	bajusz	[bɒjus]
barba (f)	szakáll	[sɒkaːll]
ter (~ barba, etc.)	visel	[viʃɛl]
trança (f)	copf	[tsopf]
suíças (f pl)	pofaszakáll	[pofɒsɒkaːll]
ruivo (adj)	vörös hajú	[vørøʃ hɒjuː]
grisalho (adj)	ősz hajú	[øːs hɒjuː]
careca (adj)	kopasz	[kopɒs]
calva (f)	kopaszság	[kopɒʃaːg]

| rabo-de-cavalo (m) | lófarok | [lo:forok] |
| franja (f) | sörény | [ʃøre:ɲ] |

62. Corpo humano

| mão (f) | kéz, kézfej | [ke:z], [ke:sfɛj] |
| braço (m) | kar | [kɒr] |

dedo (m)	ujj	[ujj]
polegar (m)	hüvelykujj	[hyvɛjkujj]
dedo (m) mindinho	kisujj	[kiʃujj]
unha (f)	köröm	[kørøm]

punho (m)	ököl	[økøl]
palma (f)	tenyér	[tɛne:r]
pulso (m)	csukló	[ʧuklo:]
antebraço (m)	alkar	[ɒlkɒr]
cotovelo (m)	könyök	[køɲøk]
ombro (m)	váll	[va:ll]

perna (f)	láb	[la:b]
pé (m)	talp	[tɒlp]
joelho (m)	térd	[te:rd]
panturrilha (f)	lábikra	[la:bikrɒ]
quadril (m)	csípő	[ʧi:pø:]
calcanhar (m)	sarok	[ʃorok]

corpo (m)	test	[tɛʃt]
barriga (f), ventre (m)	has	[hoʃ]
peito (m)	mell	[mɛll]
seio (m)	mell	[mɛll]
lado (m)	oldal	[oldɒl]
costas (dorso)	hát	[ha:t]
região (f) lombar	derék	[dɛre:k]
cintura (f)	derék	[dɛre:k]

umbigo (m)	köldök	[køldøk]
nádegas (f pl)	far	[fɒr]
traseiro (m)	fenék	[fɛne:k]

sinal (m), pinta (f)	anyajegy	[ɒɲɒjɛj]
tatuagem (f)	tetoválás	[tɛtova:la:ʃ]
cicatriz (f)	forradás	[forrɒda:ʃ]

63. Doenças

doença (f)	betegség	[bɛtɛgʃe:g]
estar doente	beteg van	[bɛtɛg vɒn]
saúde (f)	egészség	[ɛge:ʃe:g]

| nariz (m) escorrendo | nátha | [na:thɒ] |
| amigdalite (f) | torokgyulladás | [torokɟyllɒda:ʃ] |

resfriado (m)	megfázás	[mɛgfa:za:ʃ]
ficar resfriado	megfázik	[mɛgfa:zik]
bronquite (f)	hörghurut	[hørgfurut]
pneumonia (f)	tüdőgyulladás	[tydø:ɟyllɒɟa:ʃ]
gripe (f)	influenza	[influɛnzɒ]
míope (adj)	rövidlátó	[røvidla:to:]
presbita (adj)	távollátó	[ta:volla:to:]
estrabismo (m)	kancsalság	[kɒntʃɒlʃa:g]
estrábico, vesgo (adj)	kancsal	[kɒntʃɒl]
catarata (f)	szürke hályog	[syrkɛ ha:jog]
glaucoma (m)	glaukóma	[glɒuko:mɒ]
AVC (m), apoplexia (f)	inzultus	[inzultuʃ]
ataque (m) cardíaco	infarktus	[infɒrktuʃ]
paralisia (f)	bénaság	[be:nɒʃa:g]
paralisar (vt)	megbénít	[mɛgbe:ni:t]
alergia (f)	allergia	[ɒllɛrgiɒ]
asma (f)	asztma	[ɒstmɒ]
diabetes (f)	cukorbaj	[tsukorbɒj]
dor (f) de dente	fogfájás	[fogfa:ja:ʃ]
cárie (f)	fogszuvasodás	[fogsuvɒʃoda:ʃ]
diarreia (f)	hasmenés	[hɒʃmɛne:ʃ]
prisão (f) de ventre	szorulás	[sorula:ʃ]
desarranjo (m) intestinal	gyomorrontás	[ɟømorronta:ʃ]
intoxicação (f) alimentar	mérgezés	[me:rgɛze:ʃ]
intoxicar-se	mérgezést kap	[me:rgɛze:ʃt kɒp]
artrite (f)	ízületi gyulladás	[i:zylɛti ɟyllɒda:ʃ]
raquitismo (m)	angolkór	[ɒŋgolko:r]
reumatismo (m)	reuma	[rɛumɒ]
arteriosclerose (f)	érelmeszesedés	[e:rɛlmɛsɛʃɛde:ʃ]
gastrite (f)	gyomorhurut	[ɟømorhurut]
apendicite (f)	vakbélgyulladás	[vɒkbe:lɟyllɒda:ʃ]
colecistite (f)	epehólyaggyulladás	[ɛpɛho:jɒgɟyllɒda:ʃ]
úlcera (f)	fekély	[fɛke:j]
sarampo (m)	kanyaró	[kɒɲɒro:]
rubéola (f)	rózsahimlő	[ro:ʒɒhimlø:]
icterícia (f)	sárgaság	[ʃa:rgɒʃa:g]
hepatite (f)	hepatitisz	[hɛpɒtitis]
esquizofrenia (f)	szkizofrénia	[skizofre:niɒ]
raiva (f)	veszettség	[vɛsɛttʃe:g]
neurose (f)	neurózis	[nɛuro:ziʃ]
contusão (f) cerebral	agyrázkódás	[ɒɟra:skoda:ʃ]
câncer (m)	rák	[ra:k]
esclerose (f)	szklerózis	[sklɛro:ziʃ]
esclerose (f) múltipla	szklerózis multiplex	[sklɛro:ziʃ multiplɛks]
alcoolismo (m)	alkoholizmus	[ɒlkoholizmuʃ]

alcoólico (m)	alkoholista	[ɒlkoholiʃtɒ]
sífilis (f)	szifilisz	[sifilis]
AIDS (f)	AIDS	[ɛjds]

tumor (m)	daganat	[dɒgɒnɒt]
febre (f)	láz	[la:z]
malária (f)	malária	[mɒla:riɒ]
gangrena (f)	üszkösödés	[yskøʃøde:ʃ]
enjoo (m)	tengeribetegség	[tɛŋgɛribɛtɛgʃe:g]
epilepsia (f)	epilepszia	[ɛpilɛpsiɒ]

epidemia (f)	járvány	[ja:rva:ɲ]
tifo (m)	tífusz	[ti:fus]
tuberculose (f)	tuberkulózis	[tubɛrkulo:ziʃ]
cólera (f)	kolera	[kolɛrɒ]
peste (f) bubônica	pestis	[pɛʃtiʃ]

64. Sintomas. Tratamentos. Parte 1

sintoma (m)	tünet	[tynɛt]
temperatura (f)	láz	[la:z]
febre (f)	magas láz	[mɒgɒʃ la:z]
pulso (m)	pulzus	[pulzuʃ]

vertigem (f)	szédülés	[se:dyle:ʃ]
quente (testa, etc.)	forró	[forro:]
calafrio (m)	hidegrázás	[hidɛgra:za:ʃ]
pálido (adj)	sápadt	[ʃa:pɒtt]

tosse (f)	köhögés	[køhøge:ʃ]
tossir (vi)	köhög	[køhøg]
espirrar (vi)	tüsszent	[tyssɛnt]
desmaio (m)	ájulás	[a:jula:ʃ]
desmaiar (vi)	elájul	[ɛla:jul]

mancha (f) preta	kék folt	[ke:k folt]
galo (m)	dudor	[dudor]
machucar-se (vr)	nekiütődik	[nɛkiytø:dik]
contusão (f)	ütés	[yte:ʃ]
machucar-se (vr)	megüti magát	[mɛgyti mɒga:t]

mancar (vi)	sántít	[ʃa:nti:t]
deslocamento (f)	ficam	[fitsɒm]
deslocar (vt)	kificamít	[kifitsɒmi:t]
fratura (f)	törés	[tøre:ʃ]
fraturar (vt)	eltör	[ɛltør]

corte (m)	vágás	[va:ga:ʃ]
cortar-se (vr)	megvágja magát	[mɛgva:gjɒ mɒga:t]
hemorragia (f)	vérzés	[ve:rze:ʃ]

queimadura (f)	égési seb	[e:ge:ʃi ʃɛb]
queimar-se (vr)	megégeti magát	[mɛge:gɛti mɒga:t]
picar (vt)	megszúr	[mɛgsu:r]

picar-se (vr)	megszúrja magát	[mɛgsu:rjo mɒga:t]
lesionar (vt)	megsért	[mɛgʃe:rt]
lesão (m)	sérülés	[ʃe:ryle:ʃ]
ferida (f), ferimento (m)	seb	[ʃɛb]
trauma (m)	sérülés	[ʃe:ryle:ʃ]

delirar (vi)	félrebeszél	[fe:lrɛbɛse:l]
gaguejar (vi)	dadog	[dɒdog]
insolação (f)	napszúrás	[nɒpsu:ra:ʃ]

65. Sintomas. Tratamentos. Parte 2

| dor (f) | fájdalom | [fa:jdɒlom] |
| farpa (no dedo, etc.) | szálka | [sa:lkɒ] |

suor (m)	veríték	[vɛri:te:k]
suar (vi)	izzad	[izzɒd]
vômito (m)	hányás	[ha:ɲa:ʃ]
convulsões (f pl)	görcs	[gørtʃ]

grávida (adj)	terhes	[tɛrhɛʃ]
nascer (vi)	születik	[sylɛtik]
parto (m)	szülés	[syle:ʃ]
dar à luz	szül	[syl]
aborto (m)	magzatelhajtás	[mɒgzɒtɛlhɒjta:ʃ]

respiração (f)	lélegzés	[le:lɛgze:ʃ]
inspiração (f)	belégzés	[bɛle:gze:ʃ]
expiração (f)	kilégzés	[kile:gze:ʃ]
expirar (vi)	kilélegzik	[kile:lɛgzik]
inspirar (vi)	belélegzik	[bɛle:lɛgzik]

inválido (m)	rokkant	[rokkɒnt]
aleijado (m)	nyomorék	[ɲomore:k]
drogado (m)	narkós	[nɒrko:ʃ]

surdo (adj)	süket	[ʃykɛt]
mudo (adj)	néma	[ne:mɒ]
surdo-mudo (adj)	süketnéma	[ʃykɛtne:mɒ]

louco, insano (adj)	őrült	[ø:rylt]
louco (m)	őrült férfi	[ø:rylt fe:rfi]
louca (f)	őrült nő	[ø:rylt nø:]
ficar louco	megőrül	[mɛgø:ryl]

gene (m)	gén	[ge:n]
imunidade (f)	immunitás	[immunita:ʃ]
hereditário (adj)	örökölt	[ørøkølt]
congênito (adj)	veleszületett	[vɛlɛʃsylɛtɛtt]

vírus (m)	vírus	[vi:ruʃ]
micróbio (m)	mikroba	[mikrobɒ]
bactéria (f)	baktérium	[bɒkte:rium]
infecção (f)	fertőzés	[fɛrtø:ze:ʃ]

66. Sintomas. Tratamentos. Parte 3

hospital (m)	kórház	[ko:rha:z]
paciente (m)	beteg	[bɛtɛg]
diagnóstico (m)	diagnózis	[diɒgno:ziʃ]
cura (f)	gyógyítás	[ɟøːɟiːtaːʃ]
tratamento (m) médico	kezelés	[kɛzɛle:ʃ]
curar-se (vr)	gyógyul	[ɟøːɟyl]
tratar (vt)	gyógyít	[ɟøːɟiːt]
cuidar (pessoa)	ápol	[a:pol]
cuidado (m)	ápolás	[a:pola:ʃ]
operação (f)	műtét	[my:te:t]
enfaixar (vt)	beköt	[bɛkøt]
enfaixamento (m)	bekötés	[bɛkøte:ʃ]
vacinação (f)	oltás	[olta:ʃ]
vacinar (vt)	beolt	[bɛolt]
injeção (f)	injekció	[iɲɛktsio:]
dar uma injeção	injekciót ad	[iɲɛktsio:t ɒd]
ataque (~ de asma, etc.)	roham	[rohɒm]
amputação (f)	amputálás	[ɒmputa:la:ʃ]
amputar (vt)	csonkol	[ʧoŋkol]
coma (f)	kóma	[ko:mɒ]
estar em coma	kómában van	[ko:ma:bɒn vɒn]
reanimação (f)	reanimáció	[rɛɒnima:tsio:]
recuperar-se (vr)	felgyógyul	[fɛlɟøːɟyl]
estado (~ de saúde)	állapot	[a:llɒpot]
consciência (perder a ~)	eszmélet	[ɛsme:lɛt]
memória (f)	emlékezet	[ɛmle:kɛzɛt]
tirar (vt)	húz	[hu:z]
obturação (f)	fogtömés	[fogtøme:ʃ]
obturar (vt)	fogat betöm	[fogɒt bɛtøm]
hipnose (f)	hipnózis	[hipno:ziʃ]
hipnotizar (vt)	hipnotizál	[hipnotiza:l]

67. Medicina. Drogas. Acessórios

medicamento (m)	gyógyszer	[ɟøːɟsɛr]
remédio (m)	orvosság	[orvoʃa:g]
receitar (vt)	felír	[fɛli:r]
receita (f)	recept	[rɛtsɛpt]
comprimido (m)	tabletta	[tɒblɛttɒ]
unguento (m)	kenőcs	[kɛnø:ʧ]
ampola (f)	ampulla	[ɒmpullɒ]
solução, preparado (m)	gyógyszerkeverék	[ɟøːɟsɛr kɛvɛre:k]
xarope (m)	szirup	[sirup]

cápsula (f)	**pirula**	[pirulɒ]
pó (m)	**por**	[por]
atadura (f)	**kötés**	[køte:ʃ]
algodão (m)	**vatta**	[vɒttɒ]
iodo (m)	**jódtinktúra**	[jo:ttiŋktu:rɒ]
curativo (m) adesivo	**ragtapasz**	[rɒgtɒpɒs]
conta-gotas (m)	**pipetta**	[pipɛttɒ]
termômetro (m)	**hőmérő**	[hø:me:rø:]
seringa (f)	**fecskendő**	[fɛtʃkɛndø:]
cadeira (f) de rodas	**tolószék**	[tolo:se:k]
muletas (f pl)	**mankók**	[mɒŋko:k]
analgésico (m)	**fájdalomcsillapító**	[fa:jdɒlomtʃillɒpi:to:]
laxante (m)	**hashajtó**	[hɒʃhɒjto:]
álcool (m)	**szesz**	[sɛs]
ervas (f pl) medicinais	**fű**	[fy:]
de ervas (chá ~)	**fű**	[fy:]

APARTAMENTO

68. Apartamento

apartamento (m)	lakás	[lɒka:ʃ]
quarto, cômodo (m)	szoba	[sobɒ]
quarto (m) de dormir	hálószoba	[ha:lo:sobɒ]
sala (f) de jantar	ebédlő	[ɛbe:dlø:]
sala (f) de estar	nappali	[nɒppɒli]
escritório (m)	dolgozószoba	[dolgozo:sobɒ]
sala (f) de entrada	előszoba	[ɛlø:sobɒ]
banheiro (m)	fürdőszoba	[fyrdø:sobɒ]
lavabo (m)	vécé	[ve:tse:]
teto (m)	mennyezet	[mɛɲɲɛzɛt]
chão, piso (m)	padló	[pɒdlo:]
canto (m)	sarok	[ʃɒrok]

69. Mobiliário. Interior

mobiliário (m)	bútor	[bu:tor]
mesa (f)	asztal	[ɒstɒl]
cadeira (f)	szék	[se:k]
cama (f)	ágy	[a:ɟ]
sofá, divã (m)	dívány	[di:va:ɲ]
poltrona (f)	fotel	[fotɛl]
estante (f)	könyvszekrény	[køɲvsɛkre:ɲ]
prateleira (f)	könyvpolc	[køɲvpolts]
guarda-roupas (m)	ruhaszekrény	[ruhɒ sɛkre:ɲ]
cabide (m) de parede	ruhatartó	[ruhɒtɒrto:]
cabideiro (m) de pé	fogas	[fogɒʃ]
cômoda (f)	komód	[komo:d]
mesinha (f) de centro	dohányzóasztal	[dohɒɲzo:ɒstɒl]
espelho (m)	tükör	[tykør]
tapete (m)	szőnyeg	[sø:nɛg]
tapete (m) pequeno	kis szőnyeg	[kiʃ sø:nɛg]
lareira (f)	kandalló	[kɒndɒllo:]
vela (f)	gyertya	[ɟɛrcɒ]
castiçal (m)	gyertyatartó	[ɟɛrcɒtɒrto:]
cortinas (f pl)	függöny	[fyggøɲ]
papel (m) de parede	tapéta	[tɒpe:tɒ]

persianas (f pl)	redőny	[rɛdøːɲ]
luminária (f) de mesa	asztali lámpa	[ɒstɒli laːmpɒ]
luminária (f) de parede	lámpa	[laːmpɒ]
abajur (m) de pé	állólámpa	[aːlloːlaːmpɒ]
lustre (m)	csillár	[ʧillaːr]

pé (de mesa, etc.)	láb	[laːb]
braço, descanso (m)	kartámla	[kɒrtaːmlɒ]
costas (f pl)	támla	[taːmlɒ]
gaveta (f)	fiók	[fioːk]

70. Quarto de dormir

roupa (f) de cama	ágynemű	[aːɟnɛmyː]
travesseiro (m)	párna	[paːrnɒ]
fronha (f)	párnahuzat	[paːrnɒhuzɒt]
cobertor (m)	takaró	[tɒkɒroː]
lençol (m)	lepedő	[lɛpɛdøː]
colcha (f)	takaró	[tɒkɒroː]

71. Cozinha

cozinha (f)	konyha	[koɲhɒ]
gás (m)	gáz	[gaːz]
fogão (m) a gás	gáztűzhely	[gaːztyːzhɛj]
fogão (m) elétrico	elektromos tűzhely	[ɛlɛktromoʃ tyːshɛj]
forno (m)	sütő	[ʃytøː]
forno (m) de micro-ondas	mikrohullámú sütő	[mikrohullaːmu: ʃytøː]

geladeira (f)	hűtőszekrény	[hyːtøːsɛkreːɲ]
congelador (m)	fagyasztóláda	[fɒɟɒstoːlaːdɒ]
máquina (f) de lavar louça	mosogatógép	[moʃogɒtoːgeːp]

moedor (m) de carne	húsdaráló	[huːʃdɒrɒloː]
espremedor (m)	gyümölcscentrifuga	[ɟymølʧ tsɛntrifugɒ]
torradeira (f)	kenyérpirító	[kɛneːrpiriːtoː]
batedeira (f)	turmixgép	[turmiksgeːp]

máquina (f) de café	kávéfőző	[kaːveːføːzøː]
cafeteira (f)	kávéskanna	[kaːveːʃkɒnnɒ]
moedor (m) de café	kávéőrlő	[kaːveːøːrløː]

chaleira (f)	kanna	[kɒnnɒ]
bule (m)	teáskanna	[tɛaːʃkɒnnɒ]
tampa (f)	fedél	[fɛdeːl]
coador (m) de chá	szűrő	[syːrøː]

colher (f)	kanál	[kɒnaːl]
colher (f) de chá	teáskanál	[tɛaːʃkɒnaːl]
colher (f) de sopa	evőkanál	[ɛvøːkɒnaːl]
garfo (m)	villa	[villɒ]
faca (f)	kés	[keːʃ]

louça (f)	edény	[ɛdeːɲ]
prato (m)	tányér	[taːneːr]
pires (m)	csészealj	[ʧeːsɛɒj]

cálice (m)	kupica	[kupitsɒ]
copo (m)	pohár	[pohaːr]
xícara (f)	csésze	[ʧeːsɛ]

açucareiro (m)	cukortartó	[tsukortɒrtoː]
saleiro (m)	sótartó	[ʃoːtɒrtoː]
pimenteiro (m)	borstartó	[borʃtɒrtoː]
manteigueira (f)	vajtartó	[vɒj tɒrtoː]

panela (f)	lábas	[laːbɒʃ]
frigideira (f)	serpenyő	[ʃɛrpɛɲøː]
concha (f)	merőkanál	[mɛrøːkɒnaːl]
coador (m)	tésztaszűrő	[teːstɒsyːrøː]
bandeja (f)	tálca	[taːltsɒ]

garrafa (f)	palack, üveg	[pɒlɒsk], [yvɛg]
pote (m) de vidro	befőttes üveg	[bɛføːtɛs yvɛg]
lata (~ de cerveja)	bádogdoboz	[baːdogdoboz]

abridor (m) de garrafa	üvegnyitó	[yvɛg ɲitoː]
abridor (m) de latas	konzervnyitó	[konzɛrv ɲitoː]
saca-rolhas (m)	dugóhúzó	[dugoːhuːzoː]
filtro (m)	filter	[filtɛr]
filtrar (vt)	szűr	[syːr]

| lixo (m) | szemét | [sɛmeːt] |
| lixeira (f) | kuka | [kukɒ] |

72. Casa de banho

banheiro (m)	fürdőszoba	[fyrdøːsobɒ]
água (f)	víz	[viːz]
torneira (f)	csap	[ʧɒp]
água (f) quente	meleg víz	[mɛlɛg viːz]
água (f) fria	hideg víz	[hidɛg viːz]

| pasta (f) de dente | fogkrém | [fogkreːm] |
| escovar os dentes | fogat mos | [fogɒt moʃ] |

barbear-se (vr)	borotválkozik	[borotvaːlkozik]
espuma (f) de barbear	borotvahab	[borotvɒhɒb]
gilete (f)	borotva	[borotvɒ]

lavar (vt)	mos	[moʃ]
tomar banho	mosakodik	[moʃɒkodik]
chuveiro (m), ducha (f)	zuhany	[zuhɒɲ]
tomar uma ducha	zuhanyozik	[zuhɒɲozik]

| banheira (f) | fürdőkád | [fyrdøːkaːd] |
| vaso (m) sanitário | vécékagyló | [veːtse: kɒɟloː] |

pia (f)	mosdókagyló	[moʒdo:kɔյlo:]
sabonete (m)	szappan	[sɒppɒn]
saboneteira (f)	szappantartó	[sɒppɒntɒrto:]

esponja (f)	szivacs	[sivɒʧ]
xampu (m)	sampon	[ʃɒmpon]
toalha (f)	törülköző	[tørylkøzø:]
roupão (m) de banho	köntös	[køntøʃ]

lavagem (f)	mosás	[moʃa:ʃ]
lavadora (f) de roupas	mosógép	[moʃo:ge:p]
lavar a roupa	ruhát mos	[ruha:t moʃ]
detergente (m)	mosópor	[moʃo:por]

73. Eletrodomésticos

televisor (m)	televízió	[tɛlɛvi:zio:]
gravador (m)	magnó	[mɒgno:]
videogravador (m)	videomagnó	[vidɛomɒgno:]
rádio (m)	vevőkészülék	[vɛvø:ke:syle:k]
leitor (m)	sétálómagnó	[ʃe:ta:lo: mɒgno:]

projetor (m)	videovetítő	[vidɛovɛti:tø:]
cinema (m) em casa	házimozi	[ha:zimozi]
DVD Player (m)	DVDlejátszó	[dɛvɛdɛlɛja:tso:]
amplificador (m)	erősítő	[ɛrø:ʃi:tø:]
console (f) de jogos	videojáték	[vidɛoja:te:k]

câmera (f) de vídeo	videokamera	[vidɛokɒmɛrɒ]
máquina (f) fotográfica	fényképezőgép	[fe:ɲke:pɛzø:ge:p]
câmera (f) digital	digitális fényképezőgép	[digita:liʃ fe:ɲke:pɛzø:ge:p]

aspirador (m)	porszívó	[porsi:vo:]
ferro (m) de passar	vasaló	[vɒʃɒlo:]
tábua (f) de passar	vasalódeszka	[vɒʃɒlo:dɛskɒ]

telefone (m)	telefon	[tɛlɛfon]
celular (m)	mobiltelefon	[mobiltɛlɛfon]
máquina (f) de escrever	írógép	[i:ro:ge:p]
máquina (f) de costura	varrógép	[vɒrro:ge:p]

microfone (m)	mikrofon	[mikrofon]
fone (m) de ouvido	fejhallgató	[fɛlhɒllgɒto:]
controle remoto (m)	távkapcsoló	[ta:v kɒpʧolo:]

CD (m)	CDlemez	[tsɛdɛlɛmɛz]
fita (f) cassete	kazetta	[kɒzɛttɒ]
disco (m) de vinil	lemez	[lɛmɛz]

A TERRA. TEMPO

74. Espaço sideral

espaço, cosmo (m)	világűr	[vila:gy:r]
espacial, cósmico (adj)	űr	[y:r]
espaço (m) cósmico	világűr	[vila:gy:r]
mundo (m)	világmindenség	[vila:g mindɛnʃe:g]
universo (m)	világegyetem	[vila:gɛɟɛtɛm]
galáxia (f)	galaxis	[gɒlɒksis]
estrela (f)	csillag	[ʧillɒg]
constelação (f)	csillagzat	[ʧillɒgzɒt]
planeta (m)	bolygó	[bojgo:]
satélite (m)	műhold	[my:hold]
meteorito (m)	meteorit	[mɛtɛorit]
cometa (m)	üstökös	[yʃtøkøʃ]
asteroide (m)	aszteroida	[ɒstɛroidɒ]
órbita (f)	égitest pályája	[e:gitɛʃt pa:ja:jɒ]
girar (vi)	kering	[kɛriŋg]
atmosfera (f)	légkör	[le:gkør]
Sol (m)	a Nap	[ɒ nɒp]
Sistema (m) Solar	naprendszer	[nɒprɛndsɛr]
eclipse (m) solar	napfogyatkozás	[nɒpfoɟotkoza:ʃ]
Terra (f)	a Föld	[ɒ føld]
Lua (f)	a Hold	[ɒ hold]
Marte (m)	Mars	[mɒrʃ]
Vênus (f)	Vénusz	[ve:nus]
Júpiter (m)	Jupiter	[jupitɛr]
Saturno (m)	Szaturnusz	[sɒturnus]
Mercúrio (m)	Merkúr	[mɛrkur]
Urano (m)	Uranus	[urɒnuʃ]
Netuno (m)	Neptunusz	[nɛptunus]
Plutão (m)	Plútó	[plu:to:]
Via Láctea (f)	Tejút	[tɛju:t]
Ursa Maior (f)	Göncölszekér	[gøntsølsɛke:r]
Estrela Polar (f)	Sarkcsillag	[ʃɒrkʧillɒg]
marciano (m)	marslakó	[mɒrʃlɒko:]
extraterrestre (m)	földönkívüli	[føldøŋki:vyli]
alienígena (m)	űrlény	[y:rle:ɲ]

disco (m) voador	ufó	[ufo:]
espaçonave (f)	űrhajó	[y:rhɒjo:]
estação (f) orbital	orbitális űrállomás	[orbita:liʃ y:ra:lloma:ʃ]
lançamento (m)	rajt	[rɒjt]

motor (m)	hajtómű	[hɒjto:my:]
bocal (m)	fúvóka	[fu:vo:kɒ]
combustível (m)	fűtőanyag	[fy:tø:ɒɲɒg]

| cabine (f) | fülke | [fylkɛ] |
| antena (f) | antenna | [ɒntɛnnɒ] |

vigia (f)	hajóablak	[hɒjo:ɒblɒk]
bateria (f) solar	napelem	[nɒpɛlɛm]
traje (m) espacial	űrhajósruha	[y:rhɒjo:ʃ ruhɒ]

| imponderabilidade (f) | súlytalanság | [ʃu:jtɒlɒnʃa:g] |
| oxigênio (m) | oxigén | [oksige:n] |

| acoplagem (f) | összekapcsolás | [øssɛkɒptʃola:ʃ] |
| fazer uma acoplagem | összekapcsol | [øssɛkɒptʃol] |

| observatório (m) | csillagvizsgáló | [tʃillɒgviʒga:lo:] |
| telescópio (m) | távcső | [ta:vtʃø:] |

| observar (vt) | figyel | [fiɟɛl] |
| explorar (vt) | kutat | [kutɒt] |

75. A Terra

Terra (f)	a Föld	[ɒ føld]
globo terrestre (Terra)	földgolyó	[føldgojo:]
planeta (m)	bolygó	[bojgo:]

atmosfera (f)	légkör	[le:gkør]
geografia (f)	földrajz	[føldrɒjz]
natureza (f)	természet	[tɛrme:sɛt]

globo (mapa esférico)	földgömb	[føldgomb]
mapa (m)	térkép	[te:rke:p]
atlas (m)	atlasz	[ɒtlɒs]

| Europa (f) | Európa | [ɛuro:pɒ] |
| Ásia (f) | Ázsia | [a:ʒiɒ] |

| África (f) | Afrika | [ɒfrikɒ] |
| Austrália (f) | Ausztrália | [ɒustra:liɒ] |

América (f)	Amerika	[ɒmɛrikɒ]
América (f) do Norte	ÉszakAmerika	[e:sɒkɒmɛrikɒ]
América (f) do Sul	DélAmerika	[de:lɒmɛrikɒ]

| Antártida (f) | Antarktisz | [ɒntɒrktis] |
| Ártico (m) | Arktisz | [ɒrktis] |

76. Pontos cardeais

norte (m)	észak	[e:sɒk]
para norte	északra	[e:sɒkrɒ]
no norte	északon	[e:sɒkon]
do norte (adj)	északi	[e:sɒki]
sul (m)	dél	[de:l]
para sul	délre	[de:lrɛ]
no sul	délen	[de:lɛn]
do sul (adj)	déli	[de:li]
oeste, ocidente (m)	nyugat	[ɲugɒt]
para oeste	nyugatra	[ɲugɒtrɒ]
no oeste	nyugaton	[ɲugɒton]
ocidental (adj)	nyugati	[ɲugɒti]
leste, oriente (m)	kelet	[kɛlɛt]
para leste	keletre	[kɛlɛtrɛ]
no leste	keleten	[kɛlɛtɛn]
oriental (adj)	keleti	[kɛlɛti]

77. Mar. Oceano

mar (m)	tenger	[tɛŋgɛr]
oceano (m)	óceán	[o:tsɛa:n]
golfo (m)	öböl	[øbøl]
estreito (m)	tengerszoros	[tɛŋgɛrsoroʃ]
continente (m)	földrész	[føldre:s]
ilha (f)	sziget	[sigɛt]
península (f)	félsziget	[fe:lsigɛt]
arquipélago (m)	szigetcsoport	[sigɛtʧoport]
baía (f)	öböl	[øbøl]
porto (m)	rév	[re:v]
lagoa (f)	lagúna	[lɒgu:nɒ]
cabo (m)	fok	[fok]
atol (m)	atoll	[ɒtoll]
recife (m)	szirt	[sirt]
coral (m)	korall	[korɒll]
recife (m) de coral	korallszirt	[korɒllsirt]
profundo (adj)	mély	[me:j]
profundidade (f)	mélység	[me:jʃe:g]
abismo (m)	abisszikus	[abissikus]
fossa (f) oceânica	mélyedés	[me:jɛde:ʃ]
corrente (f)	folyás	[foja:ʃ]
banhar (vt)	körülvesz	[kørylvɛs]
litoral (m)	part	[pɒrt]
costa (f)	part	[pɒrt]

maré (f) alta	dagály	[dɒga:j]
refluxo (m)	apály	[ɒpa:j]
restinga (f)	zátony	[za:toɲ]
fundo (m)	alj	[ɒj]

onda (f)	hullám	[hulla:m]
crista (f) da onda	taraj	[tɒrɒj]
espuma (f)	hab	[hɒb]

tempestade (f)	vihar	[vihɒr]
furacão (m)	orkán	[orka:n]
tsunami (m)	szökőár	[søkø:a:r]
calmaria (f)	szélcsend	[se:ltʃɛnd]
calmo (adj)	csendes	[tʃɛndɛʃ]

| polo (m) | sark | [ʃɒrk] |
| polar (adj) | sarki | [ʃɒrki] |

latitude (f)	szélesség	[se:lɛʃe:g]
longitude (f)	hosszúság	[hossu:ʃa:g]
paralela (f)	szélességi kör	[se:lɛʃe:gi kør]
equador (m)	egyenlítő	[ɛɟɛnli:tø:]

céu (m)	ég	[e:g]
horizonte (m)	látóhatár	[la:to:hɒta:r]
ar (m)	levegő	[lɛvɛgø:]

farol (m)	világítótorony	[vila:gi:to:toroɲ]
mergulhar (vi)	lemerül	[lɛmɛryl]
afundar-se (vr)	elsüllyed	[ɛlʃyj:ɛd]
tesouros (m pl)	kincsek	[kintʃɛk]

78. Nomes de Mares e Oceanos

Oceano (m) Atlântico	Atlantióceán	[ɒtlɒntio:tsɛa:n]
Oceano (m) Índico	Indiaióceán	[indiɒio:tsɛa:n]
Oceano (m) Pacífico	Csendesóceán	[tʃɛndɛʃo:tsɛa:n]
Oceano (m) Ártico	Északisarkióceán	[e:sɒkiʃɒrkio:tsɛa:n]

Mar (m) Negro	Feketetenger	[fɛkɛtɛtɛŋgɛr]
Mar (m) Vermelho	Vöröstenger	[vørøʃtɛŋgɛr]
Mar (m) Amarelo	Sárgatenger	[ʃa:rgɒtɛŋgɛr]
Mar (m) Branco	Fehértenger	[fɛhe:rtɛŋgɛr]

Mar (m) Cáspio	Kaszpitenger	[kɒspitɛŋgɛr]
Mar (m) Morto	Holttenger	[holttɛŋgɛr]
Mar (m) Mediterrâneo	Földközitenger	[føldkøzitɛŋgɛr]

| Mar (m) Egeu | Égeitenger | [e:gɛitɛŋgɛr] |
| Mar (m) Adriático | Adriaitenger | [ɒdriɒitɛŋgɛr] |

Mar (m) Arábico	Arabtenger	[ɒrɒbtɛŋgɛr]
Mar (m) do Japão	Japántenger	[jɒpa:ntɛŋgɛr]
Mar (m) de Bering	Beringtenger	[bɛriŋtɛŋgɛr]

Mar (m) da China Meridional	Délkínaitenger	[de:lki:nɒitɛŋgɛr]
Mar (m) de Coral	Koralltenger	[korɒlltɛŋgɛr]
Mar (m) de Tasman	Tasmántenger	[tɒsma:ntɛŋgɛr]
Mar (m) do Caribe	Karibtenger	[kɒribtɛŋgɛr]

| Mar (m) de Barents | Barentstenger | [bɒrɛntʃtɛŋgɛr] |
| Mar (m) de Kara | Karatenger | [kɒrɒtɛŋgɛr] |

Mar (m) do Norte	Északitenger	[e:sɒkitɛŋgɛr]
Mar (m) Báltico	Baltitenger	[bɒltitɛŋgɛr]
Mar (m) da Noruega	Norvégtenger	[norve:gtɛŋgɛr]

79. Montanhas

montanha (f)	hegy	[hɛɟ]
cordilheira (f)	hegylánc	[hɛɟla:nts]
serra (f)	hegygerinc	[hɛɟgɛrints]

cume (m)	csúcs	[ʧu:ʧ]
pico (m)	hegyfok	[hɛɟfok]
pé (m)	láb	[la:b]
declive (m)	lejtő	[lɛjtø:]

vulcão (m)	vulkán	[vulka:n]
vulcão (m) ativo	működő vulkán	[mykødø: vulka:n]
vulcão (m) extinto	kialudt vulkán	[kiɒlutt vulka:n]

erupção (f)	kitörés	[kitøre:ʃ]
cratera (f)	vulkántölcsér	[vulka:ntølʧe:r]
magma (m)	magma	[mɒgmɒ]
lava (f)	láva	[la:vɒ]
fundido (lava ~a)	izzó	[izzo:]
cânion, desfiladeiro (m)	kanyon	[kɒɲon]
garganta (f)	hegyszoros	[hɛɟsoroʃ]
fenda (f)	hasadék	[hɒʃɒde:k]

passo, colo (m)	hágó	[ha:go:]
planalto (m)	fennsík	[fɛnnʃi:k]
falésia (f)	szikla	[siklɒ]
colina (f)	domb	[domb]

geleira (f)	gleccser	[glɛʧɛr]
cachoeira (f)	vízesés	[vi:zɛʃe:ʃ]
gêiser (m)	szökőforrás	[søkø:forra:ʃ]
lago (m)	tó	[to:]

planície (f)	síkság	[ʃi:kʃa:g]
paisagem (f)	táj	[ta:j]
eco (m)	visszhang	[visshɒŋg]

alpinista (m)	alpinista	[ɒlpiniʃtɒ]
escalador (m)	sziklamászó	[siklɒ ma:so:]
conquistar (vt)	meghódít	[mɛgho:di:t]
subida, escalada (f)	megmászás	[mɛgma:sa:ʃ]

80. Nomes de montanhas

Alpes (m pl)	Alpok	[ɒlpok]
Monte Branco (m)	Mont Blanc	[mont blɒn]
Pirineus (m pl)	Pireneusok	[pirɛnɛuʃok]
Cárpatos (m pl)	Kárpátok	[ka:rpa:tok]
Urais (m pl)	Urál hegység	[ura:l hɛʃe:g]
Cáucaso (m)	Kaukázus	[kɒuka:zuʃ]
Elbrus (m)	Elbrusz	[ɛlbrus]
Altai (m)	Altaj hegység	[ɒltoj hɛʃe:g]
Tian Shan (m)	Tiensan	[tjanʃan]
Pamir (m)	Pamír	[pɒmi:r]
Himalaia (m)	Himalája	[himɒla:jɒ]
monte Everest (m)	Everest	[ɛvɛrɛst]
Cordilheira (f) dos Andes	Andok	[ɒndok]
Kilimanjaro (m)	Kilimandzsáró	[kilimɒndʒa:ro:]

81. Rios

rio (m)	folyó	[fojo:]
fonte, nascente (f)	forrás	[forra:ʃ]
leito (m) de rio	meder	[mɛdɛr]
bacia (f)	medence	[mɛdɛntsɛ]
desaguar no ...	befolyik	[bɛfojik]
afluente (m)	mellékfolyó	[mɛlle:kfojo:]
margem (do rio)	part	[pɒrt]
corrente (f)	folyás	[foja:ʃ]
rio abaixo	folyón lefelé	[fojo:n lɛfɛle:]
rio acima	folyón fölfelé	[fojo:n følfɛle:]
inundação (f)	árvíz	[a:rvi:z]
cheia (f)	áradás	[a:rɒda:ʃ]
transbordar (vi)	kiárad	[kia:rɒd]
inundar (vt)	eláraszt	[ɛla:rɒst]
banco (m) de areia	zátony	[za:toɲ]
corredeira (f)	zuhogó	[zuhogo:]
barragem (f)	gát	[ga:t]
canal (m)	csatorna	[tʃɒtornɒ]
reservatório (m) de água	víztároló	[vi:zta:rolo:]
eclusa (f)	zsilip	[ʒilip]
corpo (m) de água	vizek	[vizɛk]
pântano (m)	mocsár	[motʃa:r]
lamaçal (m)	ingovány	[iŋgova:ɲ]
redemoinho (m)	forgatag	[forgɒtɒg]
riacho (m)	patak	[pɒtɒk]

| potável (adj) | iható | [ihɒto:] |
| doce (água) | édesvízi | [e:dɛʃvi:zi] |

| gelo (m) | jég | [je:g] |
| congelar-se (vr) | befagy | [bɛfɒɟ] |

82. Nomes de rios

| rio Sena (m) | Szajna | [sɒjnɒ] |
| rio Loire (m) | Loire | [luɒr] |

rio Tâmisa (m)	Temze	[tɛmzɛ]
rio Reno (m)	Rajna	[rɒjnɒ]
rio Danúbio (m)	Duna	[dunɒ]

rio Volga (m)	Volga	[volgɒ]
rio Don (m)	Don	[don]
rio Lena (m)	Léna	[le:nɒ]

rio Amarelo (m)	Sárgafolyó	[ʃa:rgɒfojo:]
rio Yangtzé (m)	Jangce	[jɒŋgtsɛ]
rio Mekong (m)	Mekong	[mɛkong]
rio Ganges (m)	Gangesz	[gɒŋgɛs]

rio Nilo (m)	Nílus	[ni:luʃ]
rio Congo (m)	Kongó	[koŋgo:]
rio Cubango (m)	Okavango	[okɒvɒŋgo]
rio Zambeze (m)	Zambézi	[zɒmbe:zi]
rio Limpopo (m)	Limpopo	[limpopo]
rio Mississippi (m)	Mississippi	[mississippi]

83. Floresta

| floresta (f), bosque (m) | erdő | [ɛrdø:] |
| florestal (adj) | erdő | [ɛrdø:] |

mata (f) fechada	sűrűség	[ʃy:ry:ʃe:g]
arvoredo (m)	erdőcske	[ɛrdø:tʃkɛ]
clareira (f)	tisztás	[tista:ʃ]

| matagal (m) | bozót | [bozo:t] |
| mato (m), caatinga (f) | cserje | [tʃɛrjɛ] |

| pequena trilha (f) | gyalogút | [ɟ ologu:t] |
| ravina (f) | vízmosás | [vi:zmoʃa:ʃ] |

árvore (f)	fa	[fɒ]
folha (f)	levél	[lɛve:l]
folhagem (f)	lomb	[lomb]

| queda (f) das folhas | lombhullás | [lombhulla:ʃ] |
| cair (vi) | lehull | [lɛhull] |

topo (m)	tető	[tɛtø:]
ramo (m)	ág	[a:g]
galho (m)	ág	[a:g]
botão (m)	rügy	[ryɟ]
agulha (f)	tűlevél	[ty:lɛve:l]
pinha (f)	toboz	[toboz]

buraco (m) de árvore	odú	[odu:]
ninho (m)	fészek	[fe:sɛk]
toca (f)	üreg	[yrɛg]

tronco (m)	törzs	[tørʒ]
raiz (f)	gyökér	[ɟøke:r]
casca (f) de árvore	kéreg	[ke:rɛg]
musgo (m)	moha	[mohɒ]

arrancar pela raiz	kiás	[kia:ʃ]
cortar (vt)	irt	[irt]
desflorestar (vt)	irt	[irt]
toco, cepo (m)	tönk	[tøŋk]

fogueira (f)	tábortűz	[ta:borty:z]
incêndio (m) florestal	erdőtűz	[ɛrdø:ty:z]
apagar (vt)	olt	[olt]

guarda-parque (m)	erdész	[ɛrde:s]
proteção (f)	őrzés	[ø:rze:ʃ]
proteger (a natureza)	őriz	[ø:riz]
caçador (m) furtivo	vadorzó	[vɒdorzo:]
armadilha (f)	csapda	[tʃɒbdɒ]

colher (cogumelos)	gombázik	[gomba:zik]
colher (bagas)	szed	[sɛd]
perder-se (vr)	eltéved	[ɛlte:vɛd]

84. Recursos naturais

recursos (m pl) naturais	természeti kincsek	[tɛrme:sɛti kintʃɛk]
minerais (m pl)	ásványkincsek	[a:ʃva:ɲ kintʃɛk]
depósitos (m pl)	rétegek	[re:tɛgɛk]
jazida (f)	lelőhely	[lɛlø:hɛj]

extrair (vt)	kitermel	[kitɛrmɛl]
extração (f)	kitermelés	[kitɛrmɛle:ʃ]
minério (m)	érc	[e:rts]
mina (f)	bánya	[ba:ɲɒ]
poço (m) de mina	akna	[ɒknɒ]
mineiro (m)	bányász	[ba:nja:s]

| gás (m) | gáz | [ga:z] |
| gasoduto (m) | gázvezeték | [ga:zvɛzɛte:k] |

| petróleo (m) | nyersolaj | [ɲɛrʃolɒj] |
| oleoduto (m) | olajvezeték | [olɒjvɛzɛte:k] |

poço (m) de petróleo	olajkút	[olɒjku:t]
torre (f) petrolífera	fúrótorony	[fu:ro:toroɲ]
petroleiro (m)	tartályhajó	[tɒrta:jhɒjo:]

areia (f)	homok	[homok]
calcário (m)	mészkő	[me:skø:]
cascalho (m)	kavics	[kɒvitʃ]
turfa (f)	tőzeg	[tø:zɛg]
argila (f)	agyag	[ɒɟog]
carvão (m)	szén	[se:n]

ferro (m)	vas	[vɒʃ]
ouro (m)	arany	[ɒrɒɲ]
prata (f)	ezüst	[ɛzyʃt]
níquel (m)	nikkel	[nikkɛl]
cobre (m)	réz	[re:z]

zinco (m)	horgany	[horgɒɲ]
manganês (m)	mangán	[mɒŋga:n]
mercúrio (m)	higany	[higɒɲ]
chumbo (m)	ólom	[o:lom]

mineral (m)	ásvány	[a:ʃva:ɲ]
cristal (m)	kristály	[kriʃta:j]
mármore (m)	márvány	[ma:rva:ɲ]
urânio (m)	uránium	[ura:nium]

85. Tempo

tempo (m)	időjárás	[idø:ja:ra:ʃ]
previsão (f) do tempo	időjárásjelentés	[idø:ja:ra:ʃjɛlɛnte:ʃ]
temperatura (f)	hőmérséklet	[hø:me:rʃe:klɛt]
termômetro (m)	hőmérő	[hø:me:rø:]
barômetro (m)	légsúlymérő	[le:gʃu:jme:rø:]

umidade (f)	nedvesség	[nɛdvɛʃe:g]
calor (m)	hőség	[hø:ʃe:g]
tórrido (adj)	forró	[forro:]
está muito calor	hőség van	[hø:ʃe:g vɒn]

| está calor | meleg van | [mɛlɛg vɒn] |
| quente (morno) | meleg | [mɛlɛg] |

| está frio | hideg van | [hidɛg vɒn] |
| frio (adj) | hideg | [hidɛg] |

sol (m)	nap	[nɒp]
brilhar (vi)	süt	[ʃyt]
de sol, ensolarado	napos	[nɒpoʃ]
nascer (vi)	felkel	[fɛlkɛl]
pôr-se (vr)	lemegy	[lɛmɛɟ]

| nuvem (f) | felhő | [fɛlhø:] |
| nublado (adj) | felhős | [fɛlhø:ʃ] |

| nuvem (f) preta | esőfelhő | [ɛʃøːfɛlhøː] |
| escuro, cinzento (adj) | borús | [boruːʃ] |

chuva (f)	eső	[ɛʃøː]
está a chover	esik az eső	[ɛʃik ɒz ɛʃøː]
chuvoso (adj)	esős	[ɛʃøːʃ]
chuviscar (vi)	szemerkél	[sɛmɛrkeːl]

chuva (f) torrencial	zápor	[zaːpor]
aguaceiro (m)	zápor	[zaːpor]
forte (chuva, etc.)	erős	[ɛrøːʃ]
poça (f)	tócsa	[toːtʃɒ]
molhar-se (vr)	ázik	[aːzik]

nevoeiro (m)	köd	[kød]
de nevoeiro	ködös	[kødøʃ]
neve (f)	hó	[hoː]
está nevando	havazik	[hɒvɒzik]

86. Tempo extremo. Catástrofes naturais

trovoada (f)	zivatar	[zivɒtɒr]
relâmpago (m)	villám	[villaːm]
relampejar (vi)	villámlik	[villaːmlik]

trovão (m)	mennydörgés	[mɛnjdørgeːʃ]
trovejar (vi)	dörög	[dørøg]
está trovejando	mennydörög	[mɛnjdørøg]

| granizo (m) | jégeső | [jeːgɛʃøː] |
| está caindo granizo | jég esik | [jeːg ɛʃik] |

| inundar (vt) | elárad | [ɛlaːrod] |
| inundação (f) | árvíz | [aːrviːz] |

terremoto (m)	földrengés	[føldrɛŋgeːʃ]
abalo, tremor (m)	lökés	[løkeːʃ]
epicentro (m)	epicentrum	[ɛpitsɛntrum]

| erupção (f) | kitörés | [kitøreːʃ] |
| lava (f) | láva | [laːvɒ] |

tornado (m)	forgószél	[forgoːseːl]
tornado (m)	tornádó	[tornaːdoː]
tufão (m)	tájfun	[taːjfun]

furacão (m)	orkán	[orkaːn]
tempestade (f)	vihar	[vihɒr]
tsunami (m)	szökőár	[søkøːaːr]

ciclone (m)	ciklon	[tsiklon]
mau tempo (m)	rossz idő	[ross idøː]
incêndio (m)	tűz	[tyːz]
catástrofe (f)	katasztrófa	[kɒtɒstroːfɒ]

85

meteorito (m)	meteorit	[mɛtɛorit]
avalanche (f)	lavina	[lɒvinɒ]
deslizamento (m) de neve	hógörgeteg	[hoːgørgɛtɛg]
nevasca (f)	hóvihar	[hoːvihɒr]
tempestade (f) de neve	hóvihar	[hoːvihɒr]

FAUNA

87. Mamíferos. Predadores

predador (m)	ragadozó állat	[rɒgɒdozo: aːllɒt]
tigre (m)	tigris	[tigriʃ]
leão (m)	oroszlán	[oroslaːn]
lobo (m)	farkas	[fɒrkɒʃ]
raposa (f)	róka	[roːkɒ]
jaguar (m)	jaguár	[jɒguaːr]
leopardo (m)	leopárd	[lɛopaːrd]
chita (f)	gepárd	[gɛpaːrd]
pantera (f)	párduc	[paːrduts]
puma (m)	puma	[pumɒ]
leopardo-das-neves (m)	hópárduc	[hoːpaːrduts]
lince (m)	hiúz	[hiuːz]
coiote (m)	prérifarkas	[preːrifɒrkɒʃ]
chacal (m)	sakál	[ʃɒkaːl]
hiena (f)	hiéna	[hieːnɒ]

88. Animais selvagens

animal (m)	állat	[aːllɒt]
besta (f)	vadállat	[vɒdaːllɒt]
esquilo (m)	mókus	[moːkuʃ]
ouriço (m)	sündisznó	[ʃyndisno:]
lebre (f)	nyúl	[ɲuːl]
coelho (m)	nyúl	[ɲuːl]
texugo (m)	borz	[borz]
guaxinim (m)	mosómedve	[moʃoːmɛdvɛ]
hamster (m)	hörcsög	[hørtʃøg]
marmota (f)	mormota	[mormotɒ]
toupeira (f)	vakond	[vɒkond]
rato (m)	egér	[ɛgeːr]
ratazana (f)	patkány	[pɒtkaːɲ]
morcego (m)	denevér	[dɛnɛveːr]
arminho (m)	hermelin	[hɛrmɛlin]
zibelina (f)	coboly	[tsoboj]
marta (f)	nyuszt	[ɲust]
doninha (f)	menyét	[mɛɲeːt]
visom (m)	nyérc	[ɲeːrts]

castor (m)	hódprém	[ho:dprɛ:m]
lontra (f)	vidra	[vidrɒ]
cavalo (m)	ló	[lo:]
alce (m)	jávorszarvas	[ja:vorsɒrvɒʃ]
veado (m)	szarvas	[sɒrvɒʃ]
camelo (m)	teve	[tɛvɛ]
bisão (m)	bölény	[bøle:ɲ]
auroque (m)	európai bölény	[ɛuro:pɒj bøle:ɲ]
búfalo (m)	bivaly	[bivɒj]
zebra (f)	zebra	[zɛbrɒ]
antílope (m)	antilop	[ɒntilop]
corça (f)	őz	[ø:z]
gamo (m)	dámszarvas	[da:msɒrvɒʃ]
camurça (f)	zerge	[zɛrgɛ]
javali (m)	vaddisznó	[vɒddisno:]
baleia (f)	bálna	[ba:lnɒ]
foca (f)	fóka	[fo:kɒ]
morsa (f)	rozmár	[rozma:r]
urso-marinho (m)	medvefóka	[mɛdvɛfo:kɒ]
golfinho (m)	delfin	[dɛlfin]
urso (m)	medve	[mɛdvɛ]
urso (m) polar	jegesmedve	[jɛgɛʃmɛdvɛ]
panda (m)	panda	[pɒndɒ]
macaco (m)	majom	[mɒjom]
chimpanzé (m)	csimpánz	[ʧimpa:nz]
orangotango (m)	orangután	[orɒŋguta:n]
gorila (m)	gorilla	[gorillɒ]
macaco (m)	makákó	[mɒka:ko:]
gibão (m)	gibbon	[gibbon]
elefante (m)	elefánt	[ɛlɛfa:nt]
rinoceronte (m)	orrszarvú	[orrsɒrvu:]
girafa (f)	zsiráf	[ʒira:f]
hipopótamo (m)	víziló	[vi:zilo:]
canguru (m)	kenguru	[kɛŋguru]
coala (m)	koala	[koɒlɒ]
mangusto (m)	mongúz	[moŋgu:z]
chinchila (f)	csincsilla	[ʧinʧillɒ]
cangambá (f)	bűzös borz	[by:zøʃ borz]
porco-espinho (m)	tarajos sül	[tɒrɒjoʃ ʃyl]

89. Animais domésticos

gata (f)	macska	[mɒʧkɒ]
gato (m) macho	kandúr	[kɒndu:r]
cavalo (m)	ló	[lo:]

| garanhão (m) | mén | [me:n] |
| égua (f) | kanca | [kɒntsɒ] |

vaca (f)	tehén	[tɛhe:n]
touro (m)	bika	[bikɒ]
boi (m)	ökör	[økør]

ovelha (f)	juh	[juh]
carneiro (m)	kos	[koʃ]
cabra (f)	kecske	[kɛtʃkɛ]
bode (m)	bakkecske	[bɒkkɛtʃkɛ]

| burro (m) | szamár | [sɒma:r] |
| mula (f) | öszvér | [øsve:r] |

porco (m)	disznó	[disno:]
leitão (m)	malac	[mɒlɒts]
coelho (m)	nyúl	[ɲu:l]

| galinha (f) | tyúk | [cu:k] |
| galo (m) | kakas | [kɒkɒʃ] |

pata (f), pato (m)	kacsa	[kɒtʃɒ]
pato (m)	gácsér	[ga:tʃe:r]
ganso (m)	liba	[libɒ]

| peru (m) | pulykakakas | [pujkɒkɒkɒʃ] |
| perua (f) | pulyka | [pujkɒ] |

animais (m pl) domésticos	háziállatok	[ha:zi a:llɒtok]
domesticado (adj)	szelíd	[sɛli:d]
domesticar (vt)	megszelídít	[mɛgsɛli:di:t]
criar (vt)	tenyészt	[tɛne:st]

fazenda (f)	telep	[tɛlɛp]
aves (f pl) domésticas	baromfi	[bɒromfi]
gado (m)	jószág	[jo:sa:g]
rebanho (m), manada (f)	nyáj	[nja:j]

estábulo (m)	istálló	[iʃta:llo:]
chiqueiro (m)	disznóól	[disno:o:l]
estábulo (m)	tehénistálló	[tɛhe:niʃta:llo:]
coelheira (f)	nyúlketrec	[ɲu:lkɛtrɛts]
galinheiro (m)	tyúkól	[cu:ko:l]

90. Pássaros

pássaro (m), ave (f)	madár	[mɒda:r]
pombo (m)	galamb	[gɒlɒmb]
pardal (m)	veréb	[vɛre:b]
chapim-real (m)	cinke	[tsiɲkɛ]
pega-rabuda (f)	szarka	[sɒrkɒ]
corvo (m)	holló	[hollo:]
gralha-cinzenta (f)	varjú	[vɒrju:]

gralha-de-nuca-cinzenta (f)	csóka	[ʧoːkɒ]
gralha-calva (f)	vetési varjú	[vɛteːʃi vɒrjuː]
pato (m)	kacsa	[kɒʧɒ]
ganso (m)	liba	[libɒ]
faisão (m)	fácán	[faːtsaːn]
águia (f)	sas	[ʃoʃ]
açor (m)	héja	[heːjɒ]
falcão (m)	sólyom	[ʃoːjom]
abutre (m)	griff	[griff]
condor (m)	kondor	[kondor]
cisne (m)	hattyú	[hɒcːuː]
grou (m)	daru	[dɒru]
cegonha (f)	gólya	[goːjɒ]
papagaio (m)	papagáj	[pɒpɒgaːj]
beija-flor (m)	kolibri	[kolibri]
pavão (m)	páva	[paːvɒ]
avestruz (m)	strucc	[ʃtruts]
garça (f)	kócsag	[koːʧɒg]
flamingo (m)	flamingó	[flɒmingoː]
pelicano (m)	pelikán	[pɛlikaːn]
rouxinol (m)	fülemüle	[fylɛmylɛ]
andorinha (f)	fecske	[fɛʧkɛ]
tordo-zornal (m)	rigó	[rigoː]
tordo-músico (m)	énekes rigó	[eːnɛkɛʃ rigoː]
melro-preto (m)	fekete rigó	[fɛkɛtɛ rigoː]
andorinhão (m)	sarlós fecske	[ʃɒrloːʃ fɛʧkɛ]
cotovia (f)	pacsirta	[pɒʧirtɒ]
codorna (f)	fürj	[fyrj]
pica-pau (m)	harkály	[hɒrkaːj]
cuco (m)	kakukk	[kɒkukk]
coruja (f)	bagoly	[bɒgoj]
bufo-real (m)	fülesbagoly	[fylɛʃbɒgoj]
tetraz-grande (m)	süketfajd	[ʃykɛtfɒjd]
tetraz-lira (m)	nyírfajd	[ɲiːrfɒjd]
perdiz-cinzenta (f)	fogoly	[fogoj]
estorninho (m)	seregély	[ʃɛrɛgeːj]
canário (m)	kanári	[kɒnaːri]
galinha-do-mato (f)	császármadár	[ʧaːsaːrmɒdaːr]
tentilhão (m)	erdei pinty	[ɛrdɛi piɲc]
dom-fafe (m)	pirók	[piroːk]
gaivota (f)	sirály	[ʃiraːj]
albatroz (m)	albatrosz	[ɒlbɒtros]
pinguim (m)	pingvin	[piŋgvin]

91. Peixes. Animais marinhos

brema (f)	dévérkeszeg	[deːveːrkɛsɛg]
carpa (f)	ponty	[poɲc]
perca (f)	folyami sügér	[fojɒmi ʃygeːr]
siluro (m)	harcsa	[hɒrtʃɒ]
lúcio (m)	csuka	[tʃukɒ]

salmão (m)	lazac	[lɒzɒts]
esturjão (m)	tokhal	[tokhɒl]

arenque (m)	hering	[hɛriŋg]
salmão (m) do Atlântico	lazac	[lɒzɒts]
cavala, sarda (f)	makréla	[mɒkreːlɒ]
solha (f), linguado (m)	lepényhal	[lɛpeːɲhɒl]

lúcio perca (m)	fogas	[fogɒʃ]
bacalhau (m)	tőkehal	[tøːkɛhɒl]
atum (m)	tonhal	[tonhɒl]
truta (f)	pisztráng	[pistraːŋg]

enguia (f)	angolna	[ɒŋgolnɒ]
raia (f) elétrica	villamos rája	[villɒmoʃ raːjɒ]
moreia (f)	muréna	[mureːnɒ]
piranha (f)	pirája	[piraːjɒ]

tubarão (m)	cápa	[tsaːpɒ]
golfinho (m)	delfin	[dɛlfin]
baleia (f)	bálna	[baːlnɒ]

caranguejo (m)	tarisznyarák	[tɒrisɲɒraːk]
água-viva (f)	medúza	[mɛduːzɒ]
polvo (m)	nyolckarú polip	[ɲoltskɒruː polip]

estrela-do-mar (f)	tengeri csillag	[tɛŋgɛri tʃillɒg]
ouriço-do-mar (m)	tengeri sün	[tɛŋgɛri ʃyn]
cavalo-marinho (m)	tengeri csikó	[tɛŋgɛri tʃikoː]

ostra (f)	osztriga	[ostrigɒ]
camarão (m)	garnélarák	[gɒrneːlɒraːk]
lagosta (f)	homár	[homaːr]
lagosta (f)	languszta	[lɒŋgustɒ]

92. Anfíbios. Répteis

cobra (f)	kígyó	[kiːɟøː]
venenoso (adj)	mérges	[meːrgɛʃ]

víbora (f)	vipera	[vipɛrɒ]
naja (f)	kobra	[kobrɒ]
píton (m)	piton	[piton]
jiboia (f)	boa	[boɒ]
cobra-de-água (f)	sikló	[ʃikloː]

| cascavel (f) | csörgőkígyó | [ʧørgøːkiɟøː] |
| anaconda (f) | anakonda | [ɒnɒkondɒ] |

lagarto (m)	gyík	[ɟiːk]
iguana (f)	leguán	[lɛguaːn]
varano (m)	varánusz	[vɒraːnus]
salamandra (f)	szalamandra	[sɒlɒmɒndrɒ]
camaleão (m)	kaméleon	[kɒmeːlɛon]
escorpião (m)	skorpió	[ʃkorpioː]

tartaruga (f)	teknősbéka	[tɛknøːʃbeːkɒ]
rã (f)	béka	[beːkɒ]
sapo (m)	varangy	[vɒrɒɲ]
crocodilo (m)	krokodil	[krokodil]

93. Insetos

inseto (m)	rovar	[rovɒr]
borboleta (f)	lepke	[lɛpkɛ]
formiga (f)	hangya	[hɒɲɒ]
mosca (f)	légy	[leːɟ]
mosquito (m)	szúnyog	[suːnøg]
escaravelho (m)	bogár	[bogaːr]

vespa (f)	darázs	[dɒraːʒ]
abelha (f)	méh	[meːh]
mamangaba (f)	poszméh	[posmeːh]
moscardo (m)	bögöly	[bøgøj]

| aranha (f) | pók | [poːk] |
| teia (f) de aranha | pókháló | [poːkhaːloː] |

libélula (f)	szitakötő	[sitɒkøtøː]
gafanhoto (m)	tücsök	[tyʧøk]
traça (f)	pillangó	[pillɒŋgoː]

barata (f)	svábbogár	[ʃvaːbbogaːr]
carrapato (m)	kullancs	[kullɒnʧ]
pulga (f)	bolha	[bolhɒ]
borrachudo (m)	muslica	[muʃlitsɒ]

gafanhoto (m)	sáska	[ʃaːʃkɒ]
caracol (m)	csiga	[ʧigɒ]
grilo (m)	tücsök	[tyʧøk]
pirilampo, vaga-lume (m)	szentjánosbogár	[sɛntjaːnoʃbogaːr]
joaninha (f)	katicabogár	[kɒtitsɒbogaːr]
besouro (m)	cserebogár	[ʧɛrɛbogaːr]

sanguessuga (f)	pióca	[pioːtsɒ]
lagarta (f)	hernyó	[hɛrnøː]
minhoca (f)	kukac	[kukɒts]
larva (f)	lárva	[laːrvɒ]

FLORA

94. Árvores

árvore (f)	fa	[fɒ]
decídua (adj)	lombos	[lomboʃ]
conífera (adj)	tűlevelű	[tyːlɛvɛlyː]
perene (adj)	örökzöld	[ørøgzøld]
macieira (f)	almafa	[ɒlmɒfɒ]
pereira (f)	körte	[kørtɛ]
cerejeira (f)	cseresznyefa	[ʧɛrɛsnɛfɒ]
ginjeira (f)	meggyfa	[mɛdɟfɒ]
ameixeira (f)	szilvafa	[silvɒfɒ]
bétula (f)	nyírfa	[ɲiːrfɒ]
carvalho (m)	tölgy	[tølɟ]
tília (f)	hársfa	[haːrʃfɒ]
choupo-tremedor (m)	rezgő nyár	[rɛzgøː ɲaːr]
bordo (m)	jávorfa	[jaːvorfɒ]
espruce (m)	lucfenyő	[lutsfɛɲøː]
pinheiro (m)	erdei fenyő	[ɛrdɛi fɛɲøː]
alerce, lariço (m)	vörösfenyő	[vørøʃfɛɲøː]
abeto (m)	jegenyefenyő	[jɛgɛnɛfɛɲøː]
cedro (m)	cédrus	[tseːdruʃ]
choupo, álamo (m)	nyárfa	[ɲaːrfɒ]
tramazeira (f)	berkenye	[bɛrkɛnɛ]
salgueiro (m)	fűzfa	[fyːzfɒ]
amieiro (m)	égerfa	[ɛgeːrfɒ]
faia (f)	bükkfa	[bykkfɒ]
ulmeiro, olmo (m)	szilfa	[silfɒ]
freixo (m)	kőrisfa	[køːriʃfɒ]
castanheiro (m)	gesztenye	[gɛstɛnɛ]
magnólia (f)	magnólia	[mɒgnoːliɒ]
palmeira (f)	pálma	[paːlmɒ]
cipreste (m)	ciprusfa	[tsipruʃfɒ]
mangue (m)	mangrove	[mɒŋgrov]
embondeiro, baobá (m)	Majomkenyérfa	[mɒjomkɛneːrfɒ]
eucalipto (m)	eukaliptusz	[ɛukɒliptus]
sequoia (f)	mamutfenyő	[mɒmutfɛɲøː]

95. Arbustos

arbusto (m)	bokor	[bokor]
arbusto (m), moita (f)	cserje	[ʧɛrjɛ]

| videira (f) | szőlő | [sø:lø:] |
| vinhedo (m) | szőlőskert | [sø:lø:ʃkɛrt] |

framboeseira (f)	málna	[maːlnɒ]
groselheira-vermelha (f)	ribizli	[ribizli]
groselheira (f) espinhosa	egres	[ɛgrɛʃ]

acácia (f)	akácfa	[ɒkaːtsfɒ]
bérberis (f)	sóskaborbolya	[ʃoːʃkɒ borbojɒ]
jasmim (m)	jázmin	[jaːzmin]

junípero (m)	boróka	[boroːkɒ]
roseira (f)	rózsabokor	[roːʒɒ bokor]
roseira (f) brava	vadrózsa	[vɒdroːʒɒ]

96. Frutos. Bagas

maçã (f)	alma	[ɒlmɒ]
pera (f)	körte	[kørtɛ]
ameixa (f)	szilva	[silvɒ]
morango (m)	eper	[ɛpɛr]
ginja (f)	meggy	[mɛdjɟ]
cereja (f)	cseresznye	[ʧɛrɛsnɛ]
uva (f)	szőlő	[sø:lø:]

framboesa (f)	málna	[maːlnɒ]
groselha (f) negra	feketeribizli	[fɛkɛtɛ ribizli]
groselha (f) vermelha	pirosribizli	[piroʃribizli]
groselha (f) espinhosa	egres	[ɛgrɛʃ]
oxicoco (m)	áfonya	[aːfoɲɒ]
laranja (f)	narancs	[nɒrɒnʧ]
tangerina (f)	mandarin	[mɒndɒrin]
abacaxi (m)	ananász	[ɒnɒnaːs]
banana (f)	banán	[bɒnaːn]
tâmara (f)	datolya	[dɒtojɒ]

limão (m)	citrom	[tsitrom]
damasco (m)	sárgabarack	[ʃaːrgɒbɒrɒtsk]
pêssego (m)	őszibarack	[øːsibɒrɒtsk]
quiuí (m)	kivi	[kivi]
toranja (f)	citrancs	[tsitrɒnʧ]

baga (f)	bogyó	[boɟø:]
bagas (f pl)	bogyók	[boɟø:k]
arando (m) vermelho	vörös áfonya	[vørøʃ aːfoɲɒ]
morango-silvestre (m)	szamóca	[sɒmoːtsɒ]
mirtilo (m)	fekete áfonya	[fɛkɛtɛ aːfoɲɒ]

97. Flores. Plantas

| flor (f) | virág | [viraːg] |
| buquê (m) de flores | csokor | [ʧokor] |

rosa (f)	rózsa	[ro:ʒɒ]
tulipa (f)	tulipán	[tulipa:n]
cravo (m)	szegfű	[sɛgfy:]
gladíolo (m)	gladiólusz	[glɒdio:lus]

centáurea (f)	búzavirág	[bu:zɒvira:g]
campainha (f)	harangvirág	[hɒrɒŋgvira:g]
dente-de-leão (m)	pitypang	[picpɒŋg]
camomila (f)	kamilla	[kɒmillɒ]

aloé (m)	aloé	[ɒloe:]
cacto (m)	kaktusz	[kɒktus]
fícus (m)	gumifa	[gumifɒ]

lírio (m)	liliom	[liliom]
gerânio (m)	muskátli	[muʃka:tli]
jacinto (m)	jácint	[ja:tsint]

mimosa (f)	mimóza	[mimo:zɒ]
narciso (m)	nárcisz	[na:rtsis]
capuchinha (f)	sarkantyúvirág	[ʃɒrkɒɲcu:vira:g]

orquídea (f)	orchidea	[orhidɛɒ]
peônia (f)	pünkösdi rózsa	[pyŋkøʃdi ro:ʒɒ]
violeta (f)	ibolya	[ibojɒ]

amor-perfeito (m)	árvácska	[a:rva:rʧkɒ]
não-me-esqueças (m)	nefelejcs	[nɛfɛlɛjʧ]
margarida (f)	százszorszép	[sa:zsorse:p]

papoula (f)	mák	[ma:k]
cânhamo (m)	kender	[kɛndɛr]
hortelã, menta (f)	menta	[mɛntɒ]

| lírio-do-vale (m) | gyöngyvirág | [døɲɟvira:g] |
| campânula-branca (f) | hóvirág | [ho:vira:g] |

urtiga (f)	csalán	[ʧɒla:n]
azedinha (f)	sóska	[ʃo:kɒ]
nenúfar (m)	tündérrózsa	[tyndɛ:rro:ʒɒ]
samambaia (f)	páfrány	[pa:fra:ɲ]
líquen (m)	sömör	[ʃømør]

estufa (f)	melegház	[mɛlɛkha:z]
gramado (m)	gyep	[ɟɛp]
canteiro (m) de flores	virágágy	[vira:ga:ɟ]

planta (f)	növény	[nøve:ɲ]
grama (f)	fű	[fy:]
folha (f) de grama	fűszál	[fy:sa:l]

folha (f)	levél	[lɛve:l]
pétala (f)	szirom	[sirom]
talo (m)	szár	[sa:r]
tubérculo (m)	gumó	[gumo:]
broto, rebento (m)	hajtás	[hɒjta:ʃ]

espinho (m)	tüske	[tyʃkɛ]
florescer (vi)	virágzik	[viraːgzik]
murchar (vi)	elhervad	[ɛlhɛrvɒd]
cheiro (m)	illat	[illɒt]
cortar (flores)	lemetsz	[lɛmɛts]
colher (uma flor)	leszakít	[lɛsɒkiːt]

98. Cereais, grãos

grão (m)	gabona	[gɒbonɒ]
cereais (plantas)	gabonanövény	[gɒbonɒnøveːɲ]
espiga (f)	kalász	[kɒlaːs]

trigo (m)	búza	[buːzɒ]
centeio (m)	rozs	[roʒ]
aveia (f)	zab	[zɒb]
painço (m)	köles	[kølɛʃ]
cevada (f)	árpa	[aːrpɒ]

milho (m)	kukorica	[kukoritsɒ]
arroz (m)	rizs	[riʒ]
trigo-sarraceno (m)	hajdina	[hɒjdinɒ]

ervilha (f)	borsó	[borʃoː]
feijão (m) roxo	bab	[bɒb]
soja (f)	szója	[soːjɒ]
lentilha (f)	lencse	[lɛntʃɛ]
feijão (m)	bab	[bɒb]

PAÍSES DO MUNDO

99. Países. Parte 1

Afeganistão (m)	Afganisztán	[ɒfgɒnista:n]
África (f) do Sul	DélAfrikai Köztársaság	[de:lɒfrikɒi køsta:rʃɒʃa:g]
Albânia (f)	Albánia	[ɒlba:niɒ]
Alemanha (f)	Németország	[ne:mɛtorsa:g]
Arábia (f) Saudita	SzaúdArábia	[sɒu:dɒra:biɒ]
Argentina (f)	Argentína	[ɒrgɛnti:nɒ]
Armênia (f)	Örményország	[ørme:ɲorsa:g]
Austrália (f)	Ausztrália	[ɒustra:liɒ]
Áustria (f)	Ausztria	[ɒustriɒ]
Azerbaijão (m)	Azerbajdzsán	[ɒzɛrbɒjdʒa:n]
Bahamas (f pl)	Bahamaszigetek	[bɒhɒmɒsigɛtɛk]
Bangladesh (m)	Banglades	[bɒŋglɒdɛʃ]
Bélgica (f)	Belgium	[bɛlgium]
Belarus	Fehéroroszország	[fɛhe:rorosorsa:g]
Bolívia (f)	Bolívia	[boli:viɒ]
Bósnia e Herzegovina (f)	Bosznia és Hercegovina	[bosniɒ e:ʃ hɛntsɛgovinɒ]
Brasil (m)	Brazília	[brɒzi:liɒ]
Bulgária (f)	Bulgária	[bulga:riɒ]
Camboja (f)	Kambodzsa	[kɒmbodʒɒ]
Canadá (m)	Kanada	[kɒnɒdɒ]
Cazaquistão (m)	Kazahsztán	[kɒzɒhsta:n]
Chile (m)	Chile	[tʃilɛ]
China (f)	Kína	[ki:nɒ]
Chipre (m)	Ciprus	[tsipruʃ]
Colômbia (f)	Kolumbia	[kolumbiɒ]
Coreia (f) do Norte	ÉszakKorea	[e:sɒkkorɛɒ]
Coreia (f) do Sul	DélKorea	[de:lkorɛɒ]
Croácia (f)	Horvátország	[horva:torsa:g]
Cuba (f)	Kuba	[kubɒ]
Dinamarca (f)	Dánia	[da:niɒ]
Egito (m)	Egyiptom	[ɛɟiptom]
Emirados Árabes Unidos	Egyesült Arab Köztársaság	[ɛɟɛʃylt ɒrɒb køzta:rʃɒʃa:g]
Equador (m)	Ecuador	[ɛkuɒdor]
Escócia (f)	Skócia	[ʃko:tsiɒ]
Eslováquia (f)	Szlovákia	[slova:kiɒ]
Eslovênia (f)	Szlovénia	[slove:niɒ]
Espanha (f)	Spanyolország	[ʃpɒɲolorsa:g]
Estados Unidos da América	Amerikai Egyesült Államok	[ɒmɛrikɒi ɛɟɛʃylt a:llɒmok]
Estônia (f)	Észtország	[e:storsa:g]

| Finlândia (f) | Finnország | [finnorsa:g] |
| França (f) | Franciaország | [frɒntsiɒorsa:g] |

100. Países. Parte 2

Gana (f)	Ghána	[ga:nɒ]
Geórgia (f)	Grúzia	[gru:ziɒ]
Grã-Bretanha (f)	NagyBritannia	[nɒɟbritɒɲiɒ]
Grécia (f)	Görögország	[gørøgorsa:g]
Haiti (m)	Haiti	[hɒiti]
Hungria (f)	Magyarország	[mɒɟɒrorsa:g]
Índia (f)	India	[indiɒ]

Indonésia (f)	Indonézia	[indone:ziɒ]
Inglaterra (f)	Anglia	[ɒŋgliɒ]
Irã (m)	Irán	[ira:n]
Iraque (m)	Irak	[irɒk]
Irlanda (f)	Írország	[i:rorsa:g]
Islândia (f)	Izland	[izlɒnd]
Israel (m)	Izrael	[izrɒɛl]

Itália (f)	Olaszország	[olɒsorsa:g]
Jamaica (f)	Jamaica	[jamɒjkɒ]
Japão (m)	Japán	[jɒpa:n]
Jordânia (f)	Jordánia	[jorda:niɒ]
Kuwait (m)	Kuvait	[kuvɛjt]

| Laos (m) | Laosz | [lɒos] |
| Letônia (f) | Lettország | [lɛttorsa:g] |

Líbano (m)	Libanon	[libɒnon]
Líbia (f)	Líbia	[li:biɒ]
Liechtenstein (m)	Liechtenstein	[lihtɛnʃtojn]
Lituânia (f)	Litvánia	[litva:niɒ]
Luxemburgo (m)	Luxemburg	[luksɛmburg]

| Macedônia (f) | Macedónia | [mɒtsɛdo:niɒ] |
| Madagascar (m) | Madagaszkár | [mɒdɒgɒska:r] |

Malásia (f)	Malajzia	[mɒlɒjziɒ]
Malta (f)	Málta	[ma:ltɒ]
Marrocos	Marokkó	[mɒrokko:]
México (m)	Mexikó	[mɛksiko:]
Birmânia (f)	Mianmar	[miɒnmɒr]

| Moldávia (f) | Moldova | [moldovɒ] |
| Mônaco (m) | Monaco | [monɒko] |

Mongólia (f)	Mongólia	[moŋgo:liɒ]
Montenegro (m)	Montenegró	[montɛnɛgro:]
Namíbia (f)	Namíbia	[nɒmi:biɒ]
Nepal (m)	Nepál	[nɛpa:l]
Noruega (f)	Norvégia	[norve:giɒ]
Nova Zelândia (f)	ÚjZéland	[u:jze:lɒnd]

101. Países. Parte 3

Países Baixos (m pl)	Németalföld	[ne:mɛtɔlføld]
Palestina (f)	Palesztína	[pɔlɛstinɒ]
Panamá (m)	Panama	[pɒnɒmɒ]
Paquistão (m)	Pakisztán	[pɒkista:n]
Paraguai (m)	Paraguay	[pɒrɒguɒj]
Peru (m)	Peru	[pɛru]
Polinésia (f) Francesa	Francia Polinézia	[frɒntsiɒ poline:ziɒ]

Polônia (f)	Lengyelország	[lɛɲɟɛlorsa:g]
Portugal (m)	Portugália	[portuga:liɒ]
Quênia (f)	Kenya	[kɛɲɒ]
Quirguistão (m)	Kirgizisztán	[kirgizista:n]
República (f) Checa	Csehország	[tʃɛorsa:g]
República Dominicana	Dominikánus Köztársaság	[dominika:nuʃ køsta:rʃɒʃa:g]
Romênia (f)	Románia	[roma:niɒ]

Rússia (f)	Oroszország	[orosorsa:g]
Senegal (m)	Szenegál	[sɛnɛga:l]
Sérvia (f)	Szerbia	[sɛrbiɒ]
Síria (f)	Szíria	[si:riɒ]
Suécia (f)	Svédország	[ʃve:dorsa:g]
Suíça (f)	Svájc	[ʃva:jts]
Suriname (m)	Suriname	[surinɒm]

Tailândia (f)	Thaiföld	[tɒjføld]
Taiwan (m)	Tajvan	[tɒjvɒn]
Tajiquistão (m)	Tádzsikisztán	[ta:dʒikista:n]
Tanzânia (f)	Tanzánia	[tɒnza:niɒ]
Tasmânia (f)	Tasmánia	[tɒsma:niɒ]
Tunísia (f)	Tunisz	[tunis]
Turquemenistão (m)	Türkmenisztán	[tyrkmɛnista:n]

Turquia (f)	Törökország	[tørøkorsa:g]
Ucrânia (f)	Ukrajna	[ukrɒjnɒ]
Uruguai (m)	Uruguay	[uruguɒj]
Uzbequistão (f)	Üzbegisztán	[yzbɛgista:n]
Vaticano (m)	Vatikán	[vɒtika:n]
Venezuela (f)	Venezuela	[vɛnɛzuɛlɒ]
Vietnã (m)	Vietnam	[viɛtnɒm]
Zanzibar (m)	Zanzibár	[zɒnziba:r]